性問題行動・性犯罪の治療教育 3

回復への道のり
……… ロードマップ ………

性問題行動のある児童および性問題行動のある
知的障害をもつ少年少女のために

ティモシー・J・カーン 著

藤岡淳子 監訳

誠信書房

献辞

ロードマップ第 2 版は、治療教育を終える勇気と強さを見出し、社会への責任と思いやりある一員となったすべての子どもたちに捧げる。きみたちはみな、真のサバイバーである！

本書はまた、子どもたちが過去のトラウマを乗り越え、幸せでうまくいく人生を手に入れるための新たな能力を学ぶのを支援するために、数えきれない時間を費やした多くの親たち、里親たち、そして施設職員たちにも捧げる。

ROADMAPS TO RECOVERY: A GUIDED WORKBOOK FOR CHILDREN IN TREATMENT, 2nd edition.
by Timothy J. Kahn
Copyright © 1999, 2007 by Timothy J. Kahn
Japanese translation rights arranged with Safer Society Foundation, Inc.
through Japan UNI Agency, Inc., Tokyo

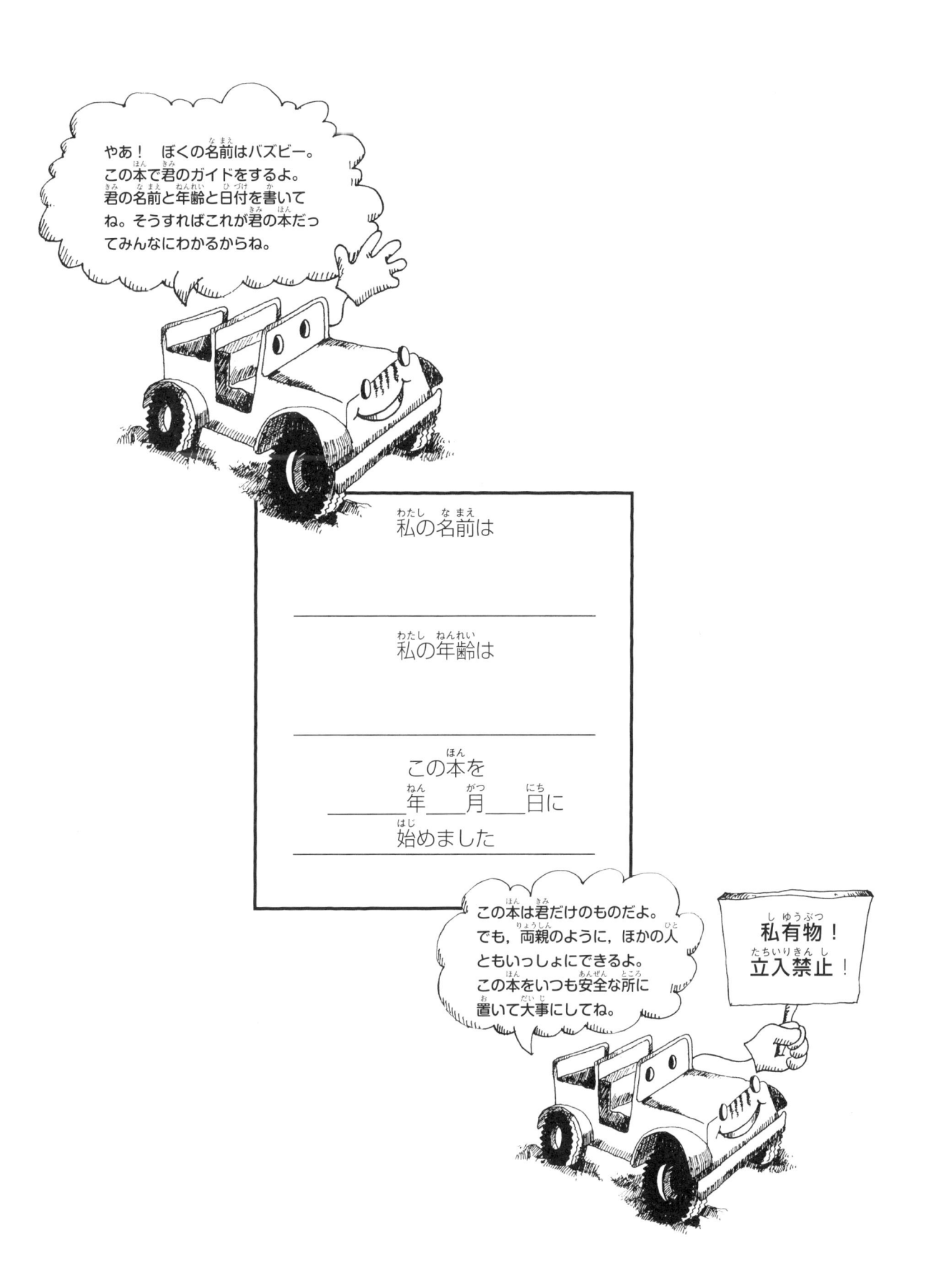

やあ！ ぼくの名前はバズビー。この本で君のガイドをするよ。君の名前と年齢と日付を書いてね。そうすればこれが君の本だってみんなにわかるからね。

私の名前は

_____

私の年齢は

_____

この本を
____年___月___日に
始めました
_____

この本は君だけのものだよ。でも，両親のように，ほかの人ともいっしょにできるよ。この本をいつも安全な所に置いて大事にしてね。

私有物！
立入禁止！

感謝の言葉

　この本は，自分の性問題行動を管理するにはどうしたらよいか多大な努力を払って学んだ多くの少年少女の助けによって書かれました。だれのことかわかるよね。私は，君たちのことをとても誇りに思っています。

　また，ワシントン州シアトルにあるライザー子どもセンターのA寮（WINGSプログラム）とD寮（SOARプログラム）の多くのスタッフにも感謝しています。彼らは，性問題行動のある少年少女に献身的にかかわり，この本を作り上げることを助けてくれました。とくに，ジル・ラッテリMSWとロバート・ストラウスMSWは，彼らの治療教育プログラムでこの本を使って，示唆や意見，体験について教えてくれました。エリカ・スミスBAとモニカ・クリスチャンセンMAも参考になるフィードバックとアイデアをくれました。加えて，マット・プラットMEdも多くの示唆とアイデアをくれました。

　さらに，同僚であるクリシャン・ハンセンMSW，キャロル・アルメロMA，ブレント・オニールPhD，ラレイン・リンチMSW，ヴァレリー・ミッチェルMSW，ジョー・ラングフォード-ファックスMAにも，有益な示唆とフィードバックックをもらったことを深謝します。

　『回復への道のり　ロードマップ』第2版でされた多くの変更点は，上に記した人びとの意見とアイデアに基づいています。またこの本を産み出すために，「縁の下の力持ち」として，数えきれない時間を私との対話に使ってくれた編集者であるジーン・マーフィーにも心からお礼を述べたい。彼女のアイデアと考えは，すべてのページに組み込まれており，このプロジェクトに対する彼女の熱意は，刺激的でやる気を起こさせてくれました。

　妻ディー・アンは，本書を含めすべての私の著作に多くの援助と励ましを与え続けてくれています。ありがとう！

目次

感謝の言葉……iv
監訳者まえがき……vi
カウンセラーのための覚え書き……ix

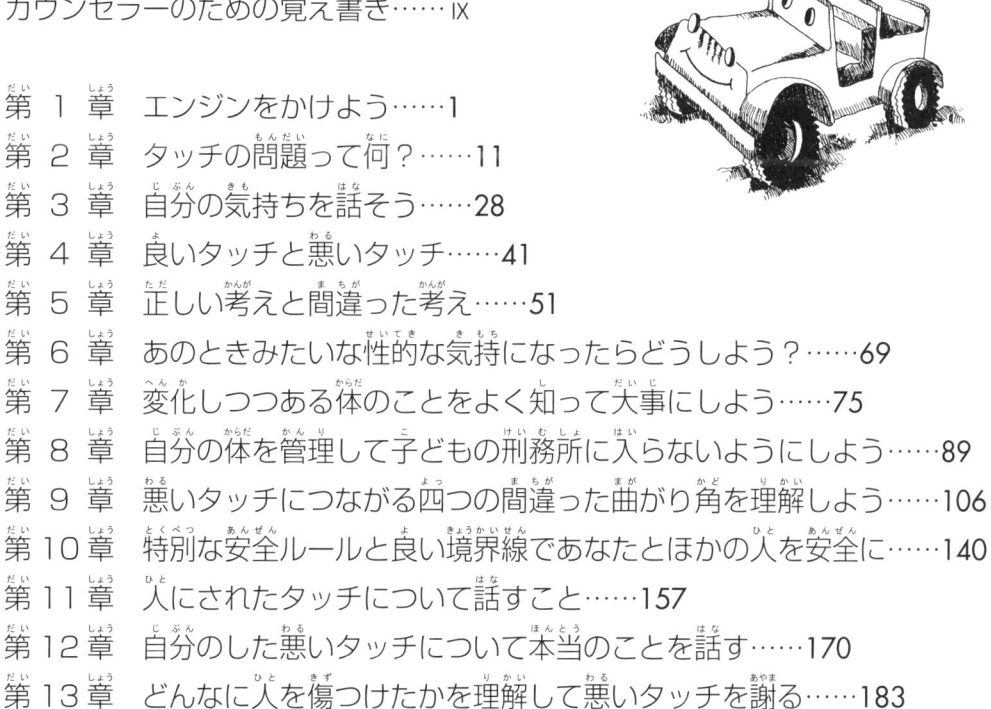

第 1 章　エンジンをかけよう……1
第 2 章　タッチの問題って何？……11
第 3 章　自分の気持ちを話そう……28
第 4 章　良いタッチと悪いタッチ……41
第 5 章　正しい考えと間違った考え……51
第 6 章　あのときみたいな性的な気持になったらどうしよう？……69
第 7 章　変化しつつある体のことをよく知って大事にしよう……75
第 8 章　自分の体を管理して子どもの刑務所に入らないようにしよう……89
第 9 章　悪いタッチにつながる四つの間違った曲がり角を理解しよう……106
第10章　特別な安全ルールと良い境界線であなたとほかの人を安全に……140
第11章　人にされたタッチについて話すこと……157
第12章　自分のした悪いタッチについて本当のことを話す……170
第13章　どんなに人を傷つけたかを理解して悪いタッチを謝る……183
第14章　サバイバーになろう……190
第15章　警戒警報に気づいて傘をさそう……211
第16章　安全計画ブックを作って活用しよう……231

会員証……263
おめでとう！……265
バズビーといっしょにゴールをめざせ!!　私の進度表……266
用語集……268

監訳者まえがき

　本書は「性問題行動・性犯罪の治療教育」シリーズの第3巻であり，Timothy Kahn（2007）．*Roadmaps to recovery : A guided workbook for children in treatment*. 2nd. Ed. Safer Society Foundation を訳出したものである。
　初版を訳出した後，第2版が米国で出版されたことから翻訳をやりなおしたため，本書は出版までに時間を要したが，それだけのかいがあり，第2版は初版以上にすばらしいワークブックとなっている。ページをめくればすぐにおわかりのように，挿絵が豊富で，バズビーという案内役の車のキャラクターとともに，回復への道をたどるようになっている。たとえがわかりやすく，「仲間」の例を学んでから自分も課題を行うようになっているので，学習しやすい。何より，性問題行動という否定的な行動が契機であるものの，しかつめらしく，叱られながら学ぶのではなく，健全で幸せな生活を送れるようになるという肯定的な目標に向かって，つらさを乗り越えながら前向きに，着実に学習できるようにさまざまな工夫がなされている。
　非行・犯罪行動変化のための心理教育的働きかけの分野における米国での近年の進展は注目に値するものがあり，特に性加害行動変化のためのプログラムは臨床実践を繰り返し，その臨床実践が，再犯防止効果あるいは費用対効果に関する実証的研究による効果評価を受けながら，その評価を反映させつつ改変されて続けており，日進月歩している。カーン氏のワークブックは，そのよい一例である。たとえば，初版にはなかった「サバイバーになろう」は，従前の再犯防止計画作成が，回避という消極的なものに留まりがちであったことの反省を受け，近年注目されている good lives model（犯行を避けるだけでなく，健全な生活を積極的に目指すことに力点を置く）を反映していると言えよう。実際，性問題行動変化のためのプログラムを受講すると，性問題行動のみならず，その他の問題行動も改善され，責任ある社会生活を送るための成長が促進されるという効果も認められている。
　また，修復的司法（正義）の具体的実践として，謝罪と償いのための手紙や対面の準備が当然のように盛り込まれているが，日本では加害者の治療教育自体もまだ始まったか始まっていないかという状態であり，修復的実践にはまだ実務上距離があるように思える。私たちの大阪府における実践においても，加害少年とその保護

者への働きかけは十分に可能であったが，被害者への支援が社会にまったく不足しており，修復的介入以前の問題として，被害者支援を充実させ，その上で修復的介入の選択肢も用意していくことの重要性を再認識している。誰が悪いかという非難よりも，被害児と加害児の回復と成長のために私たち大人に何ができるか，何をすればよいのかが重要であると考える。今後の喫緊の課題であろう。

　我田引水になるが，性問題行動・性犯罪の治療教育シリーズ『回復への道のり』全3巻の出版は，日本における性加害行動変化のための治療教育を推進するのに大きな力となると確信している。とはいうものの，残念ながら，ワークブックはただやればよいというわけでは決してなく，子どもたちの成長を促すために必要な愛情や関心，スキルと人間尊重の態度が基本として不可欠であることはいうまでもない。今後，被害者と加害者とを少しでも減らすための治療教育的介入を社会的に認められるように広め，充実させていくことが私たち専門家の責務である。

　本書も他の2冊同様，仲間を募り，大阪府の専門家を中心とする翻訳講読研究会で訳出した。それを下訳として，浅野恭子が実際のプログラムで使いながら訳し直し，さらに監修者が全体を通して，訳語の統一などを行った。研究会に参加した方々の氏名と所属を記して謝意を示したい。以下順不動，敬称略：奥野美和子，川口敦子，中野理絵，伊庭千恵（以上大阪府子ども家庭センター），福田和平（大阪府立修徳学院），細田陽子（大阪府障害者自立相談センター），出水裕史（堺市子ども相談所），宮口幸治（宮川医療少年院），葛原昌司，酌井敦（以上大阪大学大学院生）である。末尾になるが，誠信書房編集部の松山由理子さんには，いつも通り，一方ならぬご尽力をいただいた。ばらばらだった訳語の齟齬をチェックしていただいたり，わかりにくい個所に疑問を呈していただくなど，監修者のザルの穴をご指摘いただいたおかげで，形になった。マイナーなテーマにも関わらず，本書訳出の意義を認め，出版によって実践の後押しをしてくださっていることに深謝する。

　2009年盛夏

大阪大学大学院　人間科学研究科　藤岡淳子

カウンセラーのための覚え書き

　『回復への道のり　ロードマップ』（*Roadmaps to Recovery : A Guided Workbook for Children in Treatment*）は，1999 年に初版が発行されました。そのころは，性問題行動のある子どもたちの治療にあたる専門家は，研究の蓄積もほとんどなく，臨床経験も限られた分野に立ち向かっていました。この本を過去 8 年間にわたって使ってきたわけですが，性問題行動のある子どもとその両親に非常に有効なところがある一方，あまり役に立たないところもあることがわかってきました。多くの専門家からの助言を受けて，この第 2 版のために，初版を全面改訂しました。非常に役立つ部分は残し，あまり役立たない部分は削り，エビデンスに基づく介入として認められた重要な要素を取り入れました。特に，トラウマに焦点化した認知行動療法（TF-CBT）がそれにあたります。私が望むのは，この全面改訂した第 2 版が，子どもが人を傷つけたり，問題のある行動をとったりするパターンを変えるように支援することです。一方で，生産的でいたわり合う相互関係のための，適応性のある健全なスキルを学ぶために，回復力の開発を支援し，強さが根底にある様式を提供する，トラウマに配慮した介入に寄与することです。

　本書の初版を活用してこられた方は，多くの変化に気づかれるでしょう。第 2 版に新たに採用したものは，各章の終わりにある簡単でためになるテストです。そのテストによって，子どもが習ったことの記憶を確かなものにできますし，たいへんな作業に報いることもできます。

　さらに，まったく新しい章がつけ加わりました。そこでは，サバイバーになることや過去のトラウマを克服するための学習により多くの注意を向けるようになっています。また，多くの章の順序が入れ変わっていることにも気づかれるでしょう（たとえば，性的感情を管理することについて書かれた章は，第 13 章ではなく，第 6 章になっています）。こうした順序の入れ代えは，治療において最も有効であると思われたことに応じてなされています。

　この新版では，思春期についてのより広汎な情報も盛り込んでいます。こうした話題は，多くの子どもたちが非常に興味をもつところです。治療にあまり役立たないということがわかった章（たとえば，初版の「壁を高くして悪いタッチをやめる」や「サイクルを理解する」など）は，すっかり概念化し直して，書き直しまし

た。安全計画ブックを作ることについて書かれた最後の章は，ほとんどがすっかり新しい内容になっています。仲間として導いて支えてくれるというバズビーの役割は，新版でも継承されています。

　性問題行動のある子どもたちは多様な集団で，年齢も6歳～12歳の幅があり，能力においても注意力においても，実にさまざまなレベルを示します。本書を使ったこれまでの経験からわかったことですが，ワークブックの最初の数段落を子どもたちに声を出して読ませると，その子がどの程度上手に読めるかがよくわかります。もし読むのが苦手な子であれば，カウンセラーがその子どものために声に出して読んであげることが非常に支えになりますし，役に立つ場合が多いといえます。

　この年齢層の子どもには書くことも難しい場合があります。ですから，子どもたちのためにワークブックのなかの課題の答えを書いてあげようと申し出ることは，彼らにはとても親切で，支持的で，いたわりのある振る舞いと認識されることが多いでしょう。もしカウンセラーが筆記をする場合は，とくに，子どもたちにそのページの下に署名をさせましょう。そうすれば，子どもは，ワークブックをとおして，進歩の道のりを歩み続けるときになすべき重要な仕事をもっていると感じるでしょう。そのページに署名することで，彼らは誇りと達成感をいだきます。

　この新版には，各ページの下にチェックをつける二つの空欄があり，一つはカウンセラーのイニシャル，もう一つはクライエントのイニシャルを記すようになっています。このチェック欄は，子どもたちがワークブックを読んだりやり遂げたりするプロセスに入るのを助けるだけでなく，クライエントとカウンセラーがともに，本書のどこにいるのかを間違わないようにする助けともなります。さらに，可能であれば，クライエントとは机を挟んで座って，彼らがあなたといっしょにこの本を読み進めながら課題を達成することに関われるようにすることをお薦めします。

　子どもたちのやる気を持続させるために，多くの考えを取り入れました。いくつかの章には休憩が入っています。というのも，その内容が難しかったり，非常に長かったりするからです。子どもが興味を失ったり，疲れていると感じたりしたら，いつでも休憩を自由に組み入れてください。

　各章の終わりに，子どもはカウンセラーに花丸かシール（5点満点）をおねだり

カウンセラーのための覚え書き

するようにと言われます。これにより，カウンセラーは，異なった強化子を選択して用いることができます。カウンセラーは，つらい作業に耐えた子どもをねぎらうために，シールを渡し（花丸をつけ）たいと思う場合もあるでしょう。もちろん，自分なりの強化子も用いたいカウンセラーもいるでしょうし，それも良いでしょう。

また，子どもたちは自分たちの進度表を埋めるようにと言われます。それは巻末にあり，進度表をみると，子どもは自分の努力の跡が一目瞭然です。この本の作業がとてもつらい気持ちになるものであることを考えると，カウンセラーはこのような，強い強化子を頻繁に用いるほうが良いでしょう。

この本には，子どもの性問題行動を誘発するような絵や図が載っています。子どもがまだ知らない性的なことにさらされないように，具体的な細部は制限しようとしましたが，この本を使う子どもが，身体の部位といくつかの性的行動について正確なことばを学ぶことは避けて通れません。

もし，親や子どもが特定の用語に抵抗を示したら，カウンセラーは，子どもにこの本を読んであげるときに，ほかの適切な用語に差し替えてかまいません。たとえば，ある男の子は両親から決してペニスということばを使わないようにと言われていました。その子の場合には，「大切な場所」ということばを使うほうがより楽だったので，カウンセラーが彼に本を読み聞かせるときに，そのような代わりのことばを用いることで不安が軽減されました。カウンセラーは，個々の子どもや家庭の要求を踏まえて，必要に応じて修正するように奨励されます。

カウンセラーにはまた，保護者をカウンセリングの過程に巻き込むことが奨励されさます。子どもが教わっているのと同じスキルや知識を親も学習することは非常に重要です。子どもたちが取り組み始める前に，保護者がこの本に目を通す機会をもつのは非常に役に立ちます。これは一人ひとりの親が，自分の子どもに何が教えられているのかを学び，子どもがワークブックに取り組む前にいくつかの疑問や関心について議論する機会を与えます。この本で教えられている多くの概念は，両親もしくは世話をする人が，学んだスキルを練習し繰り返すのを家で支援するときもっともよく機能します。

セイファー・ソサエティ財団は，『回復への道のり　パスウェイズ』という 10 代の子どものためのワークブックや『回復への道のり　親ガイド』という保護者向けガイドも出版しています（いずれも誠信書房刊）。この 2 冊は，両親をカウンセリング過程に巻き込むのにとても役立ちます。この本の親向けの指針には一般的な治療についての情報がたくさん含まれ，各章に，両親が子どもに聞いてみることができる具体的な問題も載っています。

　この本は，子どもが安全計画ブックを作ったときに最高潮に達するように計画されています。安全計画ブックとは，子どもが学んだことに関するメモやスキルの段階や役立つ情報を個人のノートに書き込んでいくものです。それは，子どもが学んだことを自分でおさらいするのを助けたり，いつでもどこでも有用な情報を取り出せるように子どもたちを支援しているのです。具体的で持ち運びができるので，保育士や教師，カウンセラーやほかの支援者に見せられるというメリットがあります。

　この本の第 16 章には，この安全計画ブックを作るための指示が載っています。カウンセラーとして，この本のワークの初期に安全計画ブックに取り掛かり始めるという選択をする可能性もあるでしょう。あるいはまた，第 16 章に入るまで待っていて，それを最後のプロジェクトとして用いることもできます。できれば，新しいクライエントとの作業に入る前に，第 16 章に目を通されることをお勧めします。

　この本の非常に早い時期，たとえば第 1 章の段階から安全計画ブックに取りかかり作成していくことは役に立つと思われます。子どもにとって，鍵となる技能に関することを扱うときはいつでも，技能の段階の一覧か絵を描いて，それをバインダーに綴じてください。そうすれば，子どもは自分自身の安全計画ブックを作り上げる作業に絶えず取り組むことができます。技能を獲得する段階を，大きな活字で表すことも，子どもにとって非常に役立ちます。子どもたちは，そうして打ち出したページを保管し，きれいに飾り，クリアファイルなどに入れて保管します。子どもたちには，自分の安全計画ブックを自分だけのものにするように，創造的に作り上げるように促します。子どもたちは，安全計画ブックをカウンセリング・セッ

カウンセラーのための覚え書き

ションに毎回持参するよう促され，定期的に更新し，改訂していくことが求められます。実践的なノートについては，バインダーとクリアファイルをもたせることが役立ちます。ほかにも色つきの紙や，マーカー，絵の具や折り紙など何でも自由に使わせて，安全計画ブックをより魅力的なものにしていくことに役立てるのもいいでしょう。

　カウンセラーの皆さんには，この本をより洗練，改良させるために，意見やアイディアをメールで送っていただきたいと思います（timothykahn@cs.com）。何が有効なのか，またこの本のさらなる改訂のためには，どこをを良くするべきなのかについて，ぜひ皆さんのご意見を伺いたいと思います。

　私としてはあなたにこの若い世代の人びととのかかわりにベストを尽くしていただきたいと思います。自分自身のトラウマの歴史や，不適切な学習経験を乗り越える支援をとおして，私自身は多くの着想と報いを得ています。そして子どもたちが，新しい技能や知識の獲得に，どれほど熱心に取り組むかということに絶えず感銘を受けております。また，この分野で仕事をして長くなりますので，子どものころに関わったクライエントが成長して，結婚し，子どもをもち，生産的で素晴らしい人生を送っている姿に接する機会があります。皆さんのような専門家の支持と導きがあれば，私たちがかかわっている子どもたちの未来は，非常に輝かしいものであると信じるにたる理由があるのです。

　　　　　　　　　　　ティモシー・カーン　開業ソーシャル・ワーカー
　　　　　　　　　　　　　　　　　　　ワシントン，ベルビューにて

幸せで健全で安全な生活が
できるように，ぼくに続いて！

第1章

エンジンを
かけよう

　こんにちは！　『回復への道のり　ロードマップ』へ，ようこそ。
　この本は，「タッチ」の問題をもつ6歳から12歳の男の子と女の子たちのためのワークブックです。
　あなたが大人になっても困らないように，自分の体や考え方，気持ちをコントロールする方法をいっしょに学んでいきましょう。
　この本は，自分の行動を変えて，健全な生活を送ることができるようになる道のりを案内する「地図」みたいなものです。自分の行動を変えるということは，そんなに簡単なことではありません。ですから，どんなデコボコ道でも進んでいける，四輪駆動のジープである「バズビー」と一緒に，このたいへんな道のりを旅して行きましょう。この本に書かれていることをしっかり身につけていけば，あなたは「健全な生活」というゴールにきっとたどり着けるはずです！

はい！　ぼくはバズビー。
ぼくがこの本のガイドをするよ。
健全なタッチで幸せな生活が
できるようにぼくに続いて！

幸せで健全な
生活はこの先

あんぜん
1

> **幸せで健全な生活はこの先**

ゴールにたどり着くまでには，たくさんの課題があります。それをすべてやりとげることができれば，あなたはきっと「ぼく（私）ってすごい！」と自信がもてるでしょう。そのころには，いまよりずっと上手に問題を解決できる人になっているはずですし，どっちの道に行けばいいかと迷うことがあっても，必ず正しい道を選べるようになっているはずです。そしてあなたは，新しい自分の生き方や行動に誇りをもてるでしょう。あなたのことを心配してくれる家族や先生たちも，あなたがバズビーといっしょに学び，身につけた行動に感心し，誇らしく思うことでしょう。

覚えておいてください！ 性暴力という問題をかかえているのは，あなたひとりではありません。ほかの男の子や女の子も性暴力をしてしまうことがあるのです。これまでにもたくさんの子どもたちが，性暴力という問題を解決するために，一生懸命学んで，行動を変える努力を続け，幸せで実りの多い健全な生活を送れるようになりました。あなただってやれるはずです。

この本は，健全な生活というゴールへの道のりを教えてくれる，あなたの大切な「地図」ですから，大事にあつかってください。宿題をするために家にもって帰ることにしたら，カウンセラーの先生のところへ行くときには忘れずにもっていきましょう。カウンセラーの先生のところに置いておくとしたら，どこにしまっておいて欲しいか先生と話してください。

各ページの下に二つの小さなボックスがあります。それぞれのページを読んで勉強した後に，ボックスのひとつにあなたのマークを書いてください。そうすると，あなたの先生はその隣のボックスに先生のマークを書くでしょう。こうすることで，あなたがいまこの本のどこにいるのかが，ひと目でわかりますよ。

カウンセラーの先生やお父さんお母さん，里親あるいは施設の先生たちの助けを借りながら，毎日，または少なくとも毎週，少しずつこの本に取り組みましょう。この本を終えるのには長い時間がかかるかもしれませんが，心配はいりません。新しい行動を学んで身につけるには，長い時間がかかるものなのです。初めて自転車に乗ったときのこ

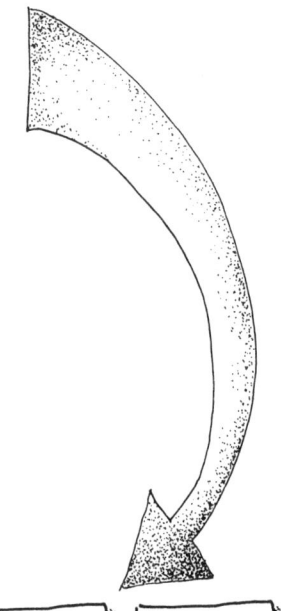

第 1 章
エンジンをかけよう

とを思い出してごらんなさい。いきなりヒラリと飛び乗り運転できましたか。たぶんできなかったでしょう。新しい行動を学ぶには、いつだって、たくさん練習が必要なのです。

ロードマップ（地図）にしたがって、うまく旅ができているかすぐわかるようにこの本の一番後ろに進度表がついています。それぞれの章の最後まできたら、先生からシールをもらって、進度表にはっていってください。この進度表を見れば、あなたがロードマップの旅をどこまで進めたかがわかります。シールは、「おめでとう！　よくがんばったね。すごいぞ！」という意味です。

あなたのカウンセラーやお父さんお母さん、里親や施設の先生たちは、あなたがこの本を終えてゴールにたどり着いたら、あなたのために何かごほうびを用意してくれるはずです。

そして、この本を最後までやりとげたら、あなたは「性暴力防止安全チーム」の一員として迎えられます！　健全な生活を送っている世界中のたくさんの子どもたちや若者が、そのチームに入っています。1ページ1ページ学ぶごとに、一つひとつ課題をこなすごとに、あなたは「性暴力防止安全チーム」に少しずつ近づいていくのです。そしてこの本を頼りに、一歩ずつ前に進んでいくにつれて、あなたは、「サバイバー」（苦難を乗り越えた人）になっていくのです。つまり、いやだったことやつらかったことを乗り越えて、幸せで健全な生活を送る方法を身につけることができるのです！

あなたのガイドをつとめてくれるバズビーといっしょに、この本にしたがって、大冒険に出発しましょう！　あなたの旅がきっと、うまくいきますように‼

では、いよいよ最初の課題です。これはあなたのカウンセラーが、あなたのことを少しでもわかるようになるための課題です。あなたもこの課題に答えることで、自分の

いろいろな面に，あらためて気づくことができるでしょう。この本で学ぶことは，あなたの生活のあらゆる場面で役立ちます。ですから，あなたがどんな人でどのように考えるかについて知ることはとても大切なことなのです。

　この本の課題をするときには，本に直接答えを書き込んでもかまいません。学校では，本には字を書き込んではいけないと習ったかもしれません。でもこれはあなたのための本なので，書き込んだり絵を描いたりしてもいいんですよ。もし字や文を書くのが苦手なら，カウンセラーの先生に手伝ってもらってください。この本で学んでいる子どものなかには，どうやって書いたらいいのかをまだ勉強している途中の子どもも多いのです。だから，書くのを手伝ってもらっても，全然平気です。

課題1A

あなたについて教えてください。下の質問に答えてね。

あなたの名前は？＿＿＿＿＿＿＿＿＿＿＿＿＿＿＿＿＿＿＿＿＿＿＿

あなたのたんじょうびは？＿＿＿＿＿＿＿＿＿＿＿＿＿＿＿＿＿＿

いま何年生？＿＿＿＿＿＿＿＿＿＿＿＿＿＿＿＿＿＿＿＿＿＿＿＿

通っている学校は？＿＿＿＿＿＿＿＿＿＿＿＿＿＿＿＿＿＿＿＿＿

どこに住んでいますか。＿＿＿＿＿＿＿＿＿＿＿＿＿＿＿＿＿＿＿

だれと住んでいますか。＿＿＿＿＿＿＿＿＿＿＿＿＿＿＿＿＿＿＿

いちばん食べたいものは何ですか。＿＿＿＿＿＿＿＿＿＿＿＿＿

ひまなとき，何をするのが好き？＿＿＿＿＿＿＿＿＿＿＿＿＿＿

大きくなったら何になりたい？＿＿＿＿＿＿＿＿＿＿＿＿＿＿＿

第1章
エンジンをかけよう

あなたには，きょうだい（お兄ちゃん，お姉ちゃん，弟，妹）がいますか。
　　□　はい　　　□　いいえ

もし，「はい」なら，きょうだいの「名前」と「年齢」を書いてね。

　　　　きょうだいの名前　　　　　　　年齢

　　_____　　　_____

　　_____　　　_____

　　_____　　　_____

　　_____　　　_____

　　_____　　　_____

いまあなたはペットを飼っていますか。
　　□　はい　　　□　いいえ

もし，「はい」なら，どんなペットを飼っていますか（犬，ネコ，ヘビ，ネズミ，金魚，ほかには？）。それぞれのペットの名前も教えてね。

　　　　　種類　　　　　　　　　　ペットの名前

　　_____　　　_____

　　_____　　　_____

　　_____　　　_____

　　_____　　　_____

いままで，ひとりでコンピューターを使ったことがありますか。
　　□　はい　　　□　いいえ

もし,「はい」なら,ひとりでインターネットもしたことがありますか。
　　　　□　はい　　　□　いいえ

インターネットで何をするのが好きですか。

_____

いまいちばん仲のいい友達はだれですか。

_____

あなたの秘密を話してもいいかなって思う人は,だれですか。

_____

世界中で,いまいちばん尊敬する人はだれですか。

_____

大きくなったらだれみたいになりたいですか。

_____

よくがんばってるね！
安全への正しい道を進んでいるよ！

あんぜん
1

課題1B

　下の空いたところに，あなたとあなたのペット，家，家族の絵を描きましょう。それから，好きな食べものや，ひまな時間にしたいことなども描いてください。絵のなかには，できるだけたくさん課題1Aで答えたことや，それに関係することを描き入れてくださいね。絵だけでなく，ことばを使ってもいいですよ。楽しく描いてね！

よくがんばりました！　あなたは「性暴力防止安全チーム」への登録に向かって最初の一歩をふみ出しました。

さあ，最初のテストですよ。エンピツをもって，がんばって取り組んでください。ロードテスト１をするときには，本を見ながらやってもかまいません。

さあ，がんばって！

良いスタートを切れて素晴らしい！

どのくらいがんばったか，チェックしましょう

ロードテスト１　エンジンをかけよう

（本を見てもいいです）

名前：＿＿＿＿＿＿＿＿＿＿＿＿＿＿＿＿＿

日にち：＿＿＿＿年＿＿＿月＿＿＿日＿＿＿曜日

満点は９点です。合格は８点以上です。

１．この本が終わったら，あなたは「性暴力防止安全チーム」の一員になることができるでしょう。□に印をつけてください。（１点）
　　　□　正しい　　　□　間違い

２．多くの子どもたちが，性的タッチの問題をなおすために，グループや面接に取り組んでいます。（１点）
　　　□　正しい　　　□　間違い

第1章
エンジンをかけよう

3. 行動のしかたを変えるには、一生懸命努力する必要があります。（1点）
   ☐ 正しい　　☐ 間違い

4. この本では、ほかの人をさわってしまわないように自分の体や気持ち、考えをコントロールすることを学べる。（1点）
   ☐ 正しい　　☐ 間違い

5. この最初の章で学んだことは何ですか。（2点）

   _____

   _____

   _____

6. いまあなたが世界でいちばん尊敬している人はだれですか。なぜその人を尊敬しているのですか。（2点）

   _____

   _____

   _____

7. カウンセラーの先生の名前は？（1点）

   _____

得点 ／9点　　☐ 合格　　☐ もっと勉強がひつようです

良いスタートが切れましたね。カウンセラーの先生にシールをもらって266ページの「私の進度表」の第1章のところにはってください。

第2章

タッチの問題って何?

　注目！　これをすぐに読みましょう！　この本でタッチの問題に取り組もうとがんばっているときに,とても強い気持ちに駆られる人もいます。イライラしている人,悲しくなってしまう人,何かをたたきたくなってしまう人もいます。また,なかには,性的なことで頭と体がいっぱいになってしまう人もいます。

　このような気持ちになるのは,普通のことです。でも,実際に何かをたたいたり,性的な行動をしてしまうと問題になります。問題を起こさずにすむ良い方法を学びましょう。

1. 強い気持ちにおそわれたら,何かしてしまう前に,カウンセラーの先生に,自分の気持ちを話しましょう。
2. 体を動かしましょう。腹筋,バスケットボール,ジョギング,なわとびなど,体を動かすと,悲しくなったり,イライラしたりする気持ちや,性的な気持ちは,どこかへいってしまうよ。
3. 少しのあいだ,この本をやる手をとめて,信頼できる大人の人にあなたの気持ちを話してください。その人が,あなたが正しい道に戻れるように手伝ってくれます。準備ができたら,またこの本に戻りましょう。

> ここは,でこぼこみちなので,シートベルトをしっかりしめて,運転のうまい人に手伝ってもらおう

課題2Ａ

イライラしたり，悲しくなったり，性的な気持ちが強くなったとき，そんな気持ちを話せそうな大人の人はだれですか。その人の名前を下に書いてください。

1.＿＿＿＿＿＿＿＿＿＿＿＿＿＿＿＿＿＿＿＿＿＿＿＿＿＿＿＿＿＿＿＿＿＿＿＿＿

2.＿＿＿＿＿＿＿＿＿＿＿＿＿＿＿＿＿＿＿＿＿＿＿＿＿＿＿＿＿＿＿＿＿＿＿＿＿

3.＿＿＿＿＿＿＿＿＿＿＿＿＿＿＿＿＿＿＿＿＿＿＿＿＿＿＿＿＿＿＿＿＿＿＿＿＿

4.＿＿＿＿＿＿＿＿＿＿＿＿＿＿＿＿＿＿＿＿＿＿＿＿＿＿＿＿＿＿＿＿＿＿＿＿＿

5.＿＿＿＿＿＿＿＿＿＿＿＿＿＿＿＿＿＿＿＿＿＿＿＿＿＿＿＿＿＿＿＿＿＿＿＿＿

6.＿＿＿＿＿＿＿＿＿＿＿＿＿＿＿＿＿＿＿＿＿＿＿＿＿＿＿＿＿＿＿＿＿＿＿＿＿

　この本をやっているとき，タッチの問題をもっている人がほかにもたくさんいること，10代の少年や青年，大人の人にも，あなたと同じ問題をもっている人がいるということを思い出してください。タッチの問題をもっていても，幼ければ幼いほど，簡単になおすことができます。だから，いま，あなたがこの本に取り組むことはとても大切なことなのです。たとえ，何かにぶつかったとしても，「ロードマップ」（地図）に従って，しっかり前に進んでいけば，健康で幸せな生活というゴールにきっと到達できます。

　ショウジは10歳の男の子で，この本を終えたばかりです。

　タッチの問題とは，ある人が，ほかの人を許可なくさわることです。そのうち，

（看板：幸せで健全な生活はこの先）

第2章
タッチの問題って何？

この本をやると，それまで考えたくなかったことを，ちゃんと考えられるようになります。話すのが難しかったことを，きちんと話すことができるようになります。ぼくは，悪い考え方をしたとき，悪い行動をしていました。この本をやってみて，がっかりしたときどうすればよいか，どうすれば問題を起こさずにいられるかもわかりました。ぼくもできたんだから，君もきっとできると思います。少しがんばれば，どうすれば自分の問題に打ち勝って，安全で健康的な生活ができるかがわかります。あきらめちゃだめだよ。ぼくは，初めて自転車に乗る練習をしたときには，しょっちゅう転びました。転ぶたびに起き上がって，何度も挑戦しました。だから今，とても上手に乗ることができます。ぼくにとってこの本は自転車の練習のようなものです。ときどきまちがうけれど，くじけずに，最後までがんばりました。だから，やっと健康に生活するにはどうすればよいかがわかりました。どうすれば，つらいことにも負けずに乗り越えていけるのかがわかったんです。

ショウジの話

「悪い性的タッチ」といわれるものがあります。「悪い性的タッチ」には，さまざまなタイプがあります。許可なくほかの人の大切な場所をさわること。何をされているのかわからないくらい小さい子をさわること。

　悪いタッチには，みんながいる場所で自分の大切な場所をさわること，大切な場所のことばかりたくさん話をすること，人の裸の写真を見ること，服を着ていない人をのぞき見すること，許可なくほかの人のズボンをおろしたり，服を脱がせたりすること，人の大切な場所をこすったり，ほかの人とセックスをするふりをすることなども入ります。

　「大切な場所」とは，水着で隠れる部分を言います。つまり，その人のお尻，胸，ペニス，膣です。もし，これらの名前を聞いても，何をさすのかわからなければ，カウンセラーの先生に聞いてください。あとの章でも，体の部分について，もっと詳しく学びます。大切な場所は，「性器」とも言われます。性器とは，セックスをするときにつかう体の部分です。セックス自体は悪いことではありません。しかし，間違った方法で人にさわったりすると，「性暴力」とみなされ，大きな問題と

なります。

　この本では，あなたがいままでやってきた悪い性的タッチや性問題行動をやめるために役立つことを学びます。また，あなたが，ほかの人と，健康で良い関係をつくる方法を学ぶこともできるでしょう。

　すでに言われたことに加えて，ほかにもいくつか，性的に問題だといわれる行動があります。

　ペットに自分の大切な場所を押しつけたり，なめさせたりして，動物を乱暴にあつかって傷つけてしまうこと，漫画やインターネットで裸の人の写真をみること，大切な場所の絵を描くこと，セックスのことばかり話すこと，自分の大切な場所をずっとさわっていて，傷つけてしまうことなど。このようなことは全部，問題を起こすことがあるので，性問題行動とよばれるのです。

　さわって欲しくないと思っている人や，とても幼い子どもの大切な場所をさわることは，性問題行動です。また，だましたり，お金を渡して性的タッチをしようとしたりすることも，性問題行動です。大切な場所をさわることで相手の人を傷つけたら，それは性問題行動なのです。

　もうひとつ別のタイプの悪い性的タッチとして，「近親姦」と呼ばれるものがあります。近親姦とは，おなじ家族のなかで，大人と子ども，あるいはきょうだい同士が，おたがいの大切な場所をさわることです。もちろん，まだ自分で排泄をしたりお風呂にはいったりして体を清潔にたもてない幼い子どもの世話をすることは，例外です。近親姦は法律に違反しています。その理由のひとつは，もし赤ちゃんができたとき，その赤ちゃんの体や心に何かの問題が生じる可能性が高いからです。もうひとつの理由は，まだ十分理解できないくらいの幼い子どもに，年上の人が性的タッチをすると，幼い子どもはとても心が傷つくからです。だから，同じ家族の人に性的タッチをしてはいけません。

　性的タッチが，いつも悪いというわけではありません。実際に，性的タッチは，赤ちゃんを作るために必要なのです。あなたが十分に大人として成長すれば，性的タッチは，楽しくて，わくわくするものでしょう。体をふれあう二人が，お互いに心から同意しているときだけ，このような良い性的タッチになるのです。

　そうです。性的タッチは，お互いが本当に同意していれば，とても良いことなのです。

第2章
タッチの問題って何？

しかし，子どもがするのは良くありません。また，ほかの人を傷つけたり，いやな思いをさせると，良いタッチではなく，悪い性的タッチとなります。

悪い性的タッチには法律違反のものもあります。そして悪い性的タッチをした人は，警察につかまり，刑務所に入ることもあるのです。子どもは大人の刑務所には入りませんが，悪い性的タッチをしている子どもは，子どものための刑務所や，子どものための施設に入ることもあります。そしてもう二度とタッチの問題を起こさないようになるまで，そこにいなければいけません。このような場所を，少年鑑別所，少年院，児童自立支援施設などといいます。

この本は，あなたが，すべてのタッチの問題をうまくやっていけるように手伝ってくれるのです。そうすれば，あなたが大きくなったとき，問題を起こさないでしょう。

ほかにも，タッチの問題とよく似たものがあります。その性問題行動のことを，性的いやがらせ（セクハラ）といいます。性的いやがらせとは，相手の人になにか性的なことを言ったり，したりすること，また，相手の人がいやな気持ちになるような個人的なことを言ったり，したりすることです。性的いやがらせ（セクハラ）の例をいくつかあげます。

- 相手の人を性的な名前で呼ぶ。
- 相手の人が，一度「いやだ」と言ったのに，またその人に性的タッチをしようと言うこと。
- ほかの人がいやな気持ちになるような性的な冗談をいう。
- 見たくない人に，性的な写真をみせる。
- ある人の性的な体の部分（性器，胸など）について話をする。
- ある人の性行動について話をする。

たとえば，ある少年は，学校に行くバスのなかで，女の子の胸の大きさについて話していたために，学校で問題になりました。バスの運転手が少年の話を聞いて，校長先生に報告したのです。少年は女の子を困らせ，いやな思いをさせました。彼のやったことは性的いやがらせ（セクハラ）です。ですから，その女の子が，学校で，あるいはバスのなかで，もっと安心してすごせるようにするために，学校は，少年を停学処分にしました。

性的いやがらせ（セクハラ）は，良いことではありません。性的いやがらせをする人は，ほかの誰かをいやな気持ちにさせたり，相手が望まないことをしてしまう

のです。性的いやがらせをすると，あなた自身が処分される場合があります。学校から追い出されるかもしれません。大人になったとき，職場で性的いやがらせ（セクハラ）をしたら，職場を追い出され，仕事を失ってしまうのです。

課題2B

性的いやがらせ（セクハラ）の例を書いてみてください。

_____

_____

_____

_____

_____

_____

　この本はカウンセラーと一対一でやることもあれば，カウンセラーの先生とほかの子どもといっしょにやることもあります。いっしょに取り組んでいるグループのメンバーも，タッチの問題や性的な問題を起こした子どもたちです。

　カウンセラーの先生は，いろいろな方法で，子どもや大人を助けてくれます。あなたの先生は，あなたがどうすれば，体や気持ち，考え方を管理できるかを教えてくれます。それをきちんと学んで身につければ，あなたは，これから先，大人になっても悪い性的タッチをせずに生きていけるでしょう。

　グループでは，3人以上の子どもがカウンセラーの先生といっしょに丸くなって座って，自分たちの問題について話し合います。グループにくれば，タッチの問題をもっているのが，自分ひとりだけじゃないということがわかるでしょう。グループに参加することで，男の子も女の子も，お互いに，自分の体をうまくコントロールできるように，また子どもの刑務所や施設に入らなくてすむように，助け合うこ

とができるのです。

　ユウカとケンが，カウンセラーの先生といっしょに，またはグループで，勉強したことについて話してくれています。

　こんにちは。私はユウカ，9歳です。私は，弟の大切な場所に悪い性的タッチを何度かしました。良いタッチについての勉強を一生懸命しました。だから問題を起こさないですみました。私は，自分自身に起こったことや，私がほかの人にしたことについて，きちんと話をすることを学びました。この本では，正直に話すことがいちばん大切なんだということがよくわかりました。私は，カウンセラーの先生といっしょに，正直になるためにがんばりました。

ユウカの話

> この本では正直に話すことが何より大切

ケンの話

こんにちは、ぼくの名前はケンです。ぼくはタッチの問題をもっていました。ぼくは、ほかの子どもの大切な場所をさわってしまったので、両親がぼくをカウンセラーの先生の所へ連れて行きました。ぼくが大切な部分をさわったのは7歳のときでした。いま、ぼくは10歳で、もう3年間、大切な部分を触るという悪いことはしていません。グループに入ることをこわがらなくても大丈夫です。ぼくたちはグループのなかで、がんばり、助け合っています。ぼくは何でも本当のことを、グループの仲間や、カウンセラーの先生に話しています。

> ぼくは本当のことを言うよ！

グループで、個人的な問題について話をするのが怖いと感じるときがあります。でも、ほとんどの子どもはグループが好きになってきます。なぜならグループにいると、みんなが支えて、助けてくれるからです。それに加えて、自分がひとりではないことを知ることで気分が良くなるからです。

第2章
タッチの問題って何？

　グループでは，みんなが，指示とルールにしたがうことができたとき，いちばんよく学ぶことができます。グループに入ると，カウンセラーの先生は，みんなにルールのリストを示すでしょう。ルールがあることで，グループは，みんなにとって，安全で安心できる場所になります。

　グループを安全にするために役立つルールは，以下のとおりです。あなたが，なかのみんなに気をつかい，大切にすることができるように，以下の決まりをよく読んでください。

1. 時間に遅れないように来て，時間どおりに帰ります。
2. 自分の椅子に静かにすわってください。グループのあいだずっとすわっていることはたいへんですが，とても大切なことです。
3. 話をしている人のほうを見ましょう。
4. グループで話をするのは，一度にひとりだけです。そこでは，ほかの人が話すのをじゃましたり，ほかの人の発言に対していやみを言ったり，だれかが発言しているときに，ほかの人と話を始めてはいけません。
5. グループのほかのメンバーが言ったことでわからないことがあれば，質問しましょう。そうすれば，あなたが，相手の人に対して関心をもっていることを示すことができます。
6. グループのメンバーが正しい考え方をしているときは，「良い考えだね」と直接その人に伝えてあげましょう。間違った考えを聞いたとき，正しい考えになるように，アドバイスをしてあげましょう。間違った考えと正しい考えについては第5章で学びます。

　あなたが，このような決まりを守ると，グループはみんなが安心して参加できる，とてもいい場所になるでしょう。そして，あなたが問題を解決するのを本当に助けてくれる場所になるでしょう。

　さて，もう少しあなたのことを知るための時間です。この本では，絵を描いても

らうことがよくあります。楽しんでやってみてください！

課題2C

下の枠のなかに，あなたの絵を描いてください。うまく描けなくても気にしないでください。

第 2 章
タッチの問題って何？

課題2D

　今度は，あなたが気になる人の絵を描いてください。たくさん描いてもいいですよ。カウンセラーの先生に手伝ってもらって，絵のなかの人がだれなのかも書いてください。もしそのほうが描きやすければ，別の紙に描いて，その紙をこのページにはってもかまいません。うまく描けなくても気にしないで。がんばって！　あなただけのための絵です！

よくがんばりました‼　あなたが描いた絵をみると，あなたがみんなのことを大切に思っていること，またみんながあなたのことを大切に思っていることを，思い出すことができます。

さて，つぎに，あなたにとって，いちばん大きな「問題」，そしていちばん大きな「目標」について考えていきましょう。「問題」があると，あなたの人生に困ったことが起こります。また，ほかの子どもや大人にも困ったことが起こってきます。あなた自身が，いやな気持ちになるかもしれません。「目標」は，あなたの気分が良くなって，自分自身の心の強さを感じられるようになるために努力をしていくことです。以下に示すのは，ジュリという女の子が書いた，問題と目標のリストです。

　私の問題のリスト
1. おじさんから虐待されました。
2. 自分の両親といっしょに住むことができません。
3. 自分の顔やスタイルがきらいです。
4. タッチの問題があります。なぜなら弟の大切な場所（プライベート・パーツ）をさわったからです。
5. 学校で良い子ではありません。

　私の目標のリスト
1. 自分の過去のつらいことを乗り越えたい。
2. ステキなところに住みたい。
3. ステキな服を着たい。
4. タッチの問題を乗り越えたい。
5. 高校に入って，卒業したい。

さあ，今度は，あなたが自分の問題と目標のリストをつくるばんです。そのリストをもっていれば，グループでみんなに見せることができます。あるいはカウンセラーの先生や両親，里親，施設の先生だけに見てもらってもいいでしょう。

課題2E

あなたの問題と目標のリストを作りなさい。

私の問題のリスト

1.＿＿＿＿＿＿＿＿＿＿＿＿＿＿＿＿＿＿＿＿＿＿＿＿＿＿＿＿＿＿

2.＿＿＿＿＿＿＿＿＿＿＿＿＿＿＿＿＿＿＿＿＿＿＿＿＿＿＿＿＿＿

3.＿＿＿＿＿＿＿＿＿＿＿＿＿＿＿＿＿＿＿＿＿＿＿＿＿＿＿＿＿＿

4.＿＿＿＿＿＿＿＿＿＿＿＿＿＿＿＿＿＿＿＿＿＿＿＿＿＿＿＿＿＿

5.＿＿＿＿＿＿＿＿＿＿＿＿＿＿＿＿＿＿＿＿＿＿＿＿＿＿＿＿＿＿

6.＿＿＿＿＿＿＿＿＿＿＿＿＿＿＿＿＿＿＿＿＿＿＿＿＿＿＿＿＿＿

私の目標のリスト

1.＿＿＿＿＿＿＿＿＿＿＿＿＿＿＿＿＿＿＿＿＿＿＿＿＿＿＿＿＿＿

2.＿＿＿＿＿＿＿＿＿＿＿＿＿＿＿＿＿＿＿＿＿＿＿＿＿＿＿＿＿＿

3.＿＿＿＿＿＿＿＿＿＿＿＿＿＿＿＿＿＿＿＿＿＿＿＿＿＿＿＿＿＿

4.＿＿＿＿＿＿＿＿＿＿＿＿＿＿＿＿＿＿＿＿＿＿＿＿＿＿＿＿＿＿

5.＿＿＿＿＿＿＿＿＿＿＿＿＿＿＿＿＿＿＿＿＿＿＿＿＿＿＿＿＿＿

6.＿＿＿＿＿＿＿＿＿＿＿＿＿＿＿＿＿＿＿＿＿＿＿＿＿＿＿＿＿＿

よくがんばりました！　第2章の終わりまで進んできましたね。あなたはロードマップ（地図）にそってちゃんと進み，きちんと生活をし，勇敢に冒険をしてきました。

　さあ，ロードテスト2の時間です。

　本を見てもかまいませんよ。好きなだけこの本を使ってください。

> シートベルトをしっかりしめて。
> 頭をしっかり働かせて！
> さあ，出発しよう

どのくらいがんばったか，チェックしましょう

ロードテスト 2

タッチの問題って何？

（本を見てもいいです）

名前：＿＿＿＿＿＿＿＿＿＿＿＿＿＿＿

日にち：＿＿＿＿＿年＿＿＿月＿＿＿日＿＿＿曜日

満点は 16 点です。合格は 15 点以上です。

1. バズビーは，以下のうち，どれ？（1点）
    A.＿＿＿カエル
    B.＿＿＿トラック
    C.＿＿＿ジープ
    D.＿＿＿かぶと虫

2. 大人がやる性的なタッチは全部悪い？（1点）
    ☐ 全部悪い　　☐ 良い性的タッチもある

3. 性的タッチが，良くないのはいつ？（1点）
    A.＿＿＿ほかの人を傷つけるとき
    B.＿＿＿ほかの人が，そうしたくないとき
    C.＿＿＿だましたり，お金を払ったりしてそれをするとき
    D.＿＿＿A〜C 三つぜんぶ

4. つぎのリストで，性問題行動または，タッチの問題だと思うものに印をつけなさい。（5点）
    ☐ みんなの前で自分の大切な場所をさわること
    ☐ あなたのカウンセラーと握手すること
    ☐ 服を着ていない人のことをのぞき見すること

☐ みんなの前で大切な場所のことをたくさん話すこと
☐ 弟や妹の大切な場所をさわること
☐ だれかのお尻をつかむこと
☐ あなたのお父さんやお母さんに抱きつくこと

5．あなたはタッチの問題をうまくやることを学べる。（1点）
　　　☐ はい　　　☐ いいえ

6．下に書いた行動のうち，性的いやがらせ（セクハラ）にあたるものに，印をつけなさい。（5点）
☐ だれかを性的なことばでののしる
☐ 人にあいさつをする
☐ 前に「いやだ」と言った人に，性的なタッチをしようと言うこと
☐ いやがっている人に性的な冗談をいうこと
☐ ほかの人に性的な写真を見せること
☐ 人の性的な体の部分について話をすること

7．第2章を読んで，あなたは何を学びましたか。（2点）

_____

_____

_____

得点

／16点　　☐ 合格　　☐ もっと勉強がひつようです

よくがんばりました！
たくさん話をして，いっぱい学んできました。
先生にシールをもらって，私の進度表の第2章のところにはりましょう。

ぼくについておいで！
幸せで健全な生活に
たどりつけるよ！

幸せで健全な
生活はこの先

あんぜん
1

第3章 自分の気持ちを話そう

　この章では，あなたの体やこころのなかで何が起こっているかについて，健全な方法で話すことを学びます。あなたは「気持ち」について学ぶことになります。みんな毎日いろいろな気持ちを感じています。気持ちを話すのがうまい人もいますが，苦手な人もいます。うれしいか，怒っているかだけしか言えない人もいれば，たくさんの種類の微妙に違う気持ちを，上手に伝えることができる人もいます。この本では，今よりもっとたくさんの，いろいろな気持ちを話せるようになることをとても大切にしています。

　はじめに，あなたが，どんなときに〈うれしい〉気持ち，〈怒った〉気持ちになるかを考えてみましょう。

課題3A

〈うれしい〉気持ちになるのはどんなときですか。四つ書きましょう。

1.＿＿＿＿＿＿＿＿＿＿＿＿＿＿＿＿＿＿＿＿＿＿＿＿＿＿＿＿＿＿＿＿

2.＿＿＿＿＿＿＿＿＿＿＿＿＿＿＿＿＿＿＿＿＿＿＿＿＿＿＿＿＿＿＿＿

3.＿＿＿＿＿＿＿＿＿＿＿＿＿＿＿＿＿＿＿＿＿＿＿＿＿＿＿＿＿＿＿＿

4.＿＿＿＿＿＿＿＿＿＿＿＿＿＿＿＿＿＿＿＿＿＿＿＿＿＿＿＿＿＿＿＿

課題3B

〈怒った〉気持ちになるのはどんなときですか。四つ書きましょう。

1. _____

2. _____

3. _____

4. _____

みんなのなかには，しょっちゅうキレて，怒ってしまうという人もいるかもしれません。「怒り」でいっぱいで，ほかの気持ちは何も感じられないという言いわけに使われることもあります。この本では「怒り」は氷山のようなものだと考えています。氷山を知っていますか。海に浮かんでいる大きな氷のかたまりです。氷山のうち，海面より上に出ているのはごく一部で，実際の氷山は見えている部分より，ずっと大きいのです。つまり氷山のほとんどは海面より下にあって見えないのです。「怒り」の気持ちは，それと同じようなものです。表に見える「怒り」は，あなたの気持ちのほんの一部であって，怒りのきっかけとなる多くの気持ちは，水面の下にあって，見えないのです。

氷山の図：
- 海面上：怒り
- 海面下：傷ついた，心配，悲しい，ひどい，きたない，不幸せ，緊張した，裏切られた，怖い，ぼうぜん，虐待された，ひとりぼっち，疲れた

〈怒り〉は，たいていの人がときどきもつ正常な気持ちです。でも，いつも怒っている人は，〈いやなやつ〉とか，〈キレやすい〉とか言われるかもしれません。〈攻撃的〉だと言われることもあるでしょうね。「いつも怒っている」ことは良いことではありません。じっさい，本人もまわりの人も，少しも楽しくありません。こんなふうに，いつも怒っている人というのは，たいてい，「怒り」のほかの自分の気持ちを上手に話すことができない人です。

あなたは，怒りの氷山をもっていますか。水面下にどんな気持ちがかくれていると思いますか。

この本では〈うれしい〉，〈怒っている〉以外の気持ちを話せるようになることをとても大切にしています。ほかの気持ちを話せるようになることは，健全で幸せな生活をおくるのに，とても役に立つのです。次の課題は，あなたがときどき感じるようなほかの気持ちを話せるようになるのに役立つと思います。

課題3C

つぎに，ときどきあなたのもつ感覚（たとえば，悲しい，さびしい，こわい，性的にむずむず，不満，好奇心，好き，おなかへった，疲れた，寒いなど）を書いてください。

1.＿＿＿＿＿＿＿＿＿＿＿＿＿＿＿＿＿＿＿＿＿＿＿＿＿＿＿＿＿＿＿＿＿

2.＿＿＿＿＿＿＿＿＿＿＿＿＿＿＿＿＿＿＿＿＿＿＿＿＿＿＿＿＿＿＿＿＿

3.＿＿＿＿＿＿＿＿＿＿＿＿＿＿＿＿＿＿＿＿＿＿＿＿＿＿＿＿＿＿＿＿＿

4.＿＿＿＿＿＿＿＿＿＿＿＿＿＿＿＿＿＿＿＿＿＿＿＿＿＿＿＿＿＿＿＿＿

第 3 章
自分の気持ちを話そう

　シュンは「怒りの氷山」をもっていました。いま 10 歳で，子どものための施設で生活しています。シュンはすぐに〈怒ってキレる〉ことがよくあったので，施設の先生は，シュンがほかの人を傷つけたり，物をこわしたりしないように，いつも気をつけておかなければなりませんでした。カウンセリングを続けていくなかで，シュンは自分が〈怒ってキレる〉以外にもいろいろな「気持ち」をもっていることに気づきました。両親からひどく殴られていたので，自分は〈幸せでない〉と感じていること，自分がずっと住めるような決まった家がないことを〈納得できない〉と思ったり〈悲しい〉と感じたりしていること，妹に悪い性的タッチをしたことについて〈後悔〉していること。またシュンは自分がとても〈ひとりぼっち〉だと思い，〈だれも，ぼくと友達になりたいと思わないだろう〉とも感じています。

　ふしぎなことにシュンは，こうして自分の人生について話すうちに，怒り以外の，ほかのたくさんの「気持ち」に気づくことができました。人生の，そのときどきの自分の「気持ち」について話し始めるまでは，シュンが知っている気持ちは〈怒り〉だけだったのです。

　そしてシュンは「怒り」の背後にはたくさんのほかの気持ちがあることを学んだのでした。今では，シュンはほかの人を傷つけることなく自分の気持ちを伝えたり，楽しくおしゃべりをしたりできるようになりました。シュンは，ずいぶん気持ちが楽になり，友達もでき始めています。

課題3D

つぎにできるだけたくさん，気持ちを書いてください。カウンセラーの先生やお父さんお母さんに手伝ってもらってもいいです。

課題3E

さあ，「ぴったりゲーム」をしましょう。それぞれの「気持ち」とその「気持ち」にぴったりくる場面をつなげてみましょう。

ひとりぼっち・	・好きな友達と遊んでいるとき
幸せ・	・寝る時間
がっかり・	・朝早く起きすぎたとき
おなかがすいた・	・友達がいないとき
疲れた・	・楽しいことをしているとき
イライラ・	・寝る前に抱きしめてもらう
悲しい・	・遊園地に行く
愛されていない感じ・	・赤ちゃんが生まれる
わくわく・	・やっかい事に巻き込まれたとき
なかよし・	・テレビで悪者が勝つのを見る
愛されている・	・お昼ごはん

課題3F

　最近の２週間のことについて考えてみましょう。自分が体験したことを書いて文章を完成させましょう。

1. 私は＿＿＿＿＿＿＿＿＿＿＿＿＿＿＿＿＿のとき楽しい。

2. 私は＿＿＿＿＿＿＿＿＿＿＿＿＿＿＿＿＿のときがっかりする。

3. 私は＿＿＿＿＿＿＿＿＿＿＿＿＿＿＿＿＿のとき愛されている。

4. 私は＿＿＿＿＿＿＿＿＿＿＿＿＿＿＿＿＿のとき幸せです。

5. 私は＿＿＿＿＿＿＿＿＿＿＿＿＿＿＿＿＿のとき悲しい。

6. 私は＿＿＿＿＿＿＿＿＿＿＿＿＿＿＿＿＿のとき混乱する。

7. 私は＿＿＿＿＿＿＿＿＿＿＿＿＿＿＿＿＿のときひとりぼっちだ。

8. 私は＿＿＿＿＿＿＿＿＿＿＿＿＿＿＿＿＿のとき自信がある。

9. 私は＿＿＿＿＿＿＿＿＿＿＿＿＿＿＿＿＿のとき怖い。

10. 私は＿＿＿＿＿＿＿＿＿＿＿＿＿＿＿＿＿のとき不幸せです。

よくやってるね！
この調子で，がんばろう。
気持ちを話すのが上手になるよ！

第3章
自分の気持ちを話そう

　気持ちを話すのを学ぶと良いことのひとつは、自分や人を傷つけることなく、自分のしたいことを人に頼めるようになることです。あなたは、「言いなりになったり」または「攻撃的になったり」しないで自分の言いたいことを「はっきり伝える」ようになれるのです。

　「言いなりになる」とは、ほかの人のしたいようにさせてしまう、または、自分は何もしないという意味です。言いなりになる人は、ほかの人のしたいようにされても、いやなことは何もないかのように振る舞っています。そして自分の気持ちを何も表現しません。言いなりになる人も「気持ち」をもっていますが、人ともめること、叫んだり、言い合いになったり、けんかしたりするのが嫌いです。ときどき、本当はしたいと思っていないことまで、ほかの人にいろいろと決められてしまいます。言いなりになる人は、本当は怒っているのですが、そのことにさえ気がつかないか、気がついていても、怒っていることを外に出さないのです。

　攻撃的な人はおしつけがましく、ときどき、わがままです。自分のやったことで、ほかの人がどんな気持ちになるかなんて考えていません。攻撃的な人は大声を出したり、いじわるなことをしたりして、人を怖がらせることもあります。いじめっ子はたいてい攻撃的です。

　自分の気持ちをはっきり伝える人は、自分が思っていることを口に出し、欲しいものは欲しいと言います。言いなりになるのではなく、自分のためにしっかりと話をします。そして、自分のするべきことを、代わりにほかの人にやってもらうことは、ほとんどしません。自分の気持ちをはっきり伝える人は、ほかの人を傷つけたりおどしたりせずに自分の気持ちを言えるのです。

「言いなり」	「攻撃的」	「はっきり伝える」
気にしてないよ	お前なんか大嫌いだ！ぶっ飛ばしてやる！	君がやってることはいやだから、やめてほしい。

課題3G

つぎの文を読んで「言いなりになっている」「攻撃的になっている」「気持ちをはっきり伝える」のどれにあたるかを考えましょう。正しいと思う答えに，印をつけましょう。

1. スミコはお母さんに腹を立てています。友達に電話をしたいのにさせてくれません。スミコは，お母さんにイライラしていて，それを話し合いたいと伝えます。

   ☐ 言いなり　　☐ 攻撃　　☐ 気持ちを伝える

2. ジンは自分のたんじょうび会の計画のことがうれしくありません。ジンは，自分の部屋で音楽を聴くことにします。

   ☐ 言いなり　　☐ 攻撃　　☐ 気持ちを伝える

3. コウジはDSで遊びたいのですが，親が取り上げてしまいました。コウジは「こんなのおかしい！」と怒鳴ります。そしてドアをバンとしめて，こわれそうなくらいイスをけとばします。（訳注　DS：任天堂のゲーム機の名称）

   ☐ 言いなり　　☐ 攻撃　　☐ 気持ちを伝える

課題3H

ヨウコは怒っています。お母さんに，夕食の片づけを手伝うように言われたからです。ヨウコが使ったほうが良いと思う「気持ちをはっきり伝える方法」を書いてみましょう。

気持ちを伝える方法：＿＿＿＿＿＿＿＿＿＿＿＿＿＿＿＿＿＿＿

＿＿＿＿＿＿＿＿＿＿＿＿＿＿＿＿＿＿＿＿＿＿＿＿＿＿＿＿＿＿

＿＿＿＿＿＿＿＿＿＿＿＿＿＿＿＿＿＿＿＿＿＿＿＿＿＿＿＿＿＿

課題31

来週中に少なくとも3回,気持ちをはっきり伝えてみましょう。どう感じたかということを含めて,したいことを頼んだりして,気持ちを伝えたときのことを書きとめてください。

1. _____

_____

_____

2. _____

_____

_____

3. _____

_____

_____

この本で学びながら，もっと自分の気持ちをはっきり伝えることができるようになって欲しいです。言いなりになってしまいがちな人は，気持ちをしっかり伝えられません。攻撃的な人は，いじわるな，人を傷つけるようなやり方で気持ちを表そうとします。気持ちをはっきり伝えられる人は，自分の思っていることをはっきりと話し，ほかの人を傷つけたりおどしたりしません。自分の気持ちをはっきり伝えるようになると，どう感じているか，何をして欲しいかをことばにして，きちんと言えるようになります。

　これは健全な生活ができるようになるための大きなステップです。毎日この練習をしましょう。気持ちを表すことばを使って，自分がどう感じているか，何をして欲しいかを口に出してみてください。いつもうまくいくわけでもないですし，いつも欲しいものが手に入るわけでもありません。でも，キレて物を投げたり，こわしたりするよりもずっとうまくいくはずです！

　練習すれば，きっとうまくできるようになります。さあ，気持ちを伝える練習をはじめましょう。あなたが感じる気持ち，これまでに感じたいろいろな気持ちについて，きちんと話をしていきましょう！

> ぼくはうまくやっていて，自信がある。ぼくは気持ちをどうやって話せばよいか知っているし，人にして欲しいことを頼むことができるよ。

どのくらいがんばったか，チェックしましょう

ロードテスト 3

自分の気持ちを話そう

(本を見てもいいです)

名前：＿＿＿＿＿＿＿＿＿＿＿＿＿＿＿＿＿＿

日にち：＿＿＿＿年＿＿＿月＿＿＿日＿＿＿曜日

満点は8点です。合格は7点以上です。

1. 毎日，みんないろいろな気持ちを感じるものです。(1点)
   □ 正しい　　□ 間違い

2. "うれしい""腹が立つ"のほかにも，もっといろいろな気持ちがある。(1点)
   □ 正しい　　□ 間違い

3. 気持ちを話せるようになれば，人を傷つけることなく欲しいものを手に入れることができる。(1点)
   □ 正しい　　□ 間違い

4. "言いなりになる"というのは大声を出したり，動きまわったり，叫んだりすることである。(1点)
   □ 正しい　　□ 間違い

5. 気持ちをはっきり伝えることができる人は，自分の思ったことをことばにできたり，欲しいものを頼んだりすることができる。(1点)
   □ 正しい　　□ 間違い

6. "気持ちをはっきり伝えること"を表しているのはどれでしょうか。印をつけましょう。（3ポイント）

　□　ジロウは疲れているので，洗濯は明日にしたいと母親に伝える。
　□　マリコは大声で弟に，「バカ」と言う。
　□　キミコは食事の後片づけを拒否し，ふきんを床に投げつけた。
　□　セイジは，「体の具合が悪いので，宿題をするのにもう少し時間が欲しいです」と先生に伝える。
　□　スミレは友達に，「ジョウジは嫌い。だから彼といっしょに映画には行きたくないわ」と言う。

得点　　　　／16点　　□　合格　　□　もっと勉強がひつようです

よくできました！　シールをもらって，私の進度表の第3章のところにはりましょう。

さあ，行こう！
ロードマップでいっしょに冒険を続けよう！

幸せで健全な生活はこの先

あんぜん
1

第4章

良いタッチと悪いタッチ

　さあ,「良いタッチ」と「悪いタッチ」について学びましょう。この章では,どうすれば,「性暴力防止安全チーム」の一員になれるかについて,もっと学んでいくことにしましょう。

　「良いタッチ」とは健全で好ましいふれ合いのことです。あなたがふれる前に相手にたずねて,相手が「いいよ」と言ったときが「良いタッチ」です。あなたが抱きしめようとするとき,相手が「いいよ」と言ったときが「良いタッチ」です。相手にやさしく,心配りをして,タッチしてもよい場所でするとき,それが「良いタッチ」です。あなたがだれかに会ったときに握手することも「良いタッチ」の例です。

　「良いタッチ」はのぞましく,法律でも認められたことです。「良いタッチ」が問題になることはありません。法律で認められたことはしてもいいですし,もししたとしても,裁判所や子どもの刑務所に行くことにはならないでしょう。

　「悪いタッチ」とは,不愉快で,傷つけるような方法で人にさわることです。たとえあなたに悪気がなくても,ただ近づきたいだけでも,その人が「いいよ」と言っていないのに大切なプライベート・パーツ場所にさわることは「悪いタッチ」になります。逆に,あなたが「いいよ」と言っていないの

に，だれかがあなたの大切な場所をさわれば，それも「悪いタッチ」です。

　相手があなたより3歳以上年下であったり，年は同じかうえでも，あなたほど物事をよく理解していなかったり，あるいは，あなたがさわらせてもらうためにお金やプレゼントをその人にあげると約束して大切な場所にさわると，相手が「いいよ」と言ったとしても「悪いタッチ」になるのです。また，相手がまだ幼すぎて，自分のしていることがどういう結果になるかを本当にはわかっていないときも「悪いタッチ」になるのです。あなたがしたいことをさせなかったらひどい目に合わせるぞとこわがらせることも，「悪いタッチ」です。また，家族のだれかの大切な場所をさわることも「悪いタッチ」です。

　「悪いタッチ」は，非合法です！　非合法とは，法律に違反していて，良くないということです。法律をやぶると，裁判所や子どもの刑務所に行くことになるかもしれません。法律をやぶることは犯罪です。法律をやぶると，大きな問題になります。法律で禁止されているのは，だれかを傷つけるかもしれないからです。たとえば，人からお金を盗むことは法律をやぶることです。人が一生懸命働いて手に入れたお金を盗んだとき，その人やその家族を傷つけることになるからです。高速道路でスピードを出しすぎることも法律違反です。スピードを出しすぎると，ほかの人を傷つける危険性が高まります。だから法律違反なのです。

　「悪いタッチ」をしたいとき，あなたのなかでどのように感じているのかを考えてみましょう。おそらく，以前に「悪いタッチ」をしたことがあって，それをしたいと感じるのでしょう。もし以前に「悪いタッチ」をしたことがあれば，ほかのことをしているときにも，悪いタッチのことが頭のなかに浮かんでくるかもしれません。でも幼いときに「悪いタッチ」をしたことがない子は，頭に浮かんでこないかもしれません。「悪いタッチ」について考えていない子もいますし，したくない子だっているのです。

　ですから，あなたが性的な感情をもったときに，ほかの子も同じように性的な感情をもっているわけではない，ということを覚えておいてください。その感情はあくまであなたの感情なのです。あなたの性的な感情は悪くないですし，間違ってもいません。けれど，その感情を行動にうつしてしまうと，大きな問題になり，ほかの人を傷つけることにもなるのです。

　くり返しますが，「悪いタッチ」は法律違反です。この本ではあなたが問題を起

こさなくてすむように，どうすれば良い選択ができるかを学んでいきます。

「悪いタッチ」はとても気持ちがいいと思うこともあるでしょう。悪いタッチをすることで，自分には力があって，強いと感じたり，自分に性的魅力があると思ったりしてしまうかもしれません。

「悪いタッチ」をやめなければならない理由がわからない人もいます。ほかの子どもが考えた理由をいくつかあげてみましょう。

＜なぜぼくは「悪いタッチ」をやめなければならないの？＞

1. 先生に叱られるかもしれないから。
2. ほかの子どもにいじめられるかもしれないから。
3. ほかの子どもにからかわれるかもしれないから。
4. ほかの子どもに嫌われるから。
5. ほかの子どもに遊んでもらえないから。
6. 親に叱られるかもしれないから。
7. 治療グループの仲間と面倒なことになるかもしれないから。
8. 警察に逮捕されるかもしれないから。
9. 子どもの刑務所に行くかもしれないから。
10. ほかの人を傷つけるかもしれないから。

さあ，あなたが「悪いタッチ」をやめないと，どんな悪いことが起こるか学びましたね。それでは，「悪いタッチ」をやめて「良いタッチ」だけをしていると，どんな良いことが起こるか，その例をみてみましょう。

＜「悪いタッチ」をやめると，どんな良いことが起こるの？＞

1. 人があなたのことをもっと好きになり，もっと友達がふえるでしょう。
2. 人にうまく接することで，気持ちよく感じます。
3. カウンセラーの先生はあなたが良いことをしていると考え，もっといっぱ

い楽しい企画を考えてくれるでしょう。
4. 親があなたを誇りに思うでしょう。
5. 先生があなたを誇りに思うでしょう。
6. 子どもの刑務所に行くことはないでしょう。
7. ほかの人が，あなたを気持ち悪がったり，変に感じることはないでしょう。
8. バレて問題になることを心配しなくてすむでしょう。
9. 裁判所へ行き，裁判官と話をする必要がなくなるでしょう。
10. 将来，性犯罪者にならずにすむでしょう！（性犯罪者とは，法律をやぶって，性暴力をふるう人たちのことです。性犯罪者は，逮捕され，裁判所に行き，彼らの性的タッチは性犯罪と呼ばれるにふさわしいと裁判官が判決を下します。）

課題4A

今度はあなたが，「悪いタッチ」をやめる理由を話す番です。下の空いているところに，理由をいくつか書いてください。

1.＿＿＿＿＿＿＿＿＿＿＿＿＿＿＿＿＿＿＿＿＿＿＿＿＿＿＿＿＿＿＿＿＿＿＿＿

2.＿＿＿＿＿＿＿＿＿＿＿＿＿＿＿＿＿＿＿＿＿＿＿＿＿＿＿＿＿＿＿＿＿＿＿＿

3.＿＿＿＿＿＿＿＿＿＿＿＿＿＿＿＿＿＿＿＿＿＿＿＿＿＿＿＿＿＿＿＿＿＿＿＿

4.＿＿＿＿＿＿＿＿＿＿＿＿＿＿＿＿＿＿＿＿＿＿＿＿＿＿＿＿＿＿＿＿＿＿＿＿

5.＿＿＿＿＿＿＿＿＿＿＿＿＿＿＿＿＿＿＿＿＿＿＿＿＿＿＿＿＿＿＿＿＿＿＿＿

今度は，このことが実際の生活でどのようになっているかを見てみましょう。つぎの課題に取り組めば，何が「良いタッチ」で何が「悪いタッチ」かが，もっとよくわかるようになります。

第４章
良いタッチと悪いタッチ

この本でしっかり学べば，ほかの人たちを傷つける行動をやめることができるよ。がんばって課題に取り組もう！

課題４B

下にあげられているそれぞれのことが，「良いタッチ」か「悪いタッチ」かを判断してください。答えに印をつけて，なぜそれを選んだのかをカウンセラーの先生に話してください。

1. お父さんに会うと，お父さんがあなたを抱きしめます。
   □ 良いタッチ　　□ 悪いタッチ

2. あなたは人にかけ寄り，驚かせようとして，飛びかかります。
   □ 良いタッチ　　□ 悪いタッチ

3. あなたは自分の大切な場所（プライベート・パーツ）と妹の大切な場所（プライベート・パーツ）をこすり合わせます。
   □ 良いタッチ　　□ 悪いタッチ

4. カウンセラーの先生に会ったとき，先生と握手をします。
   □ 良いタッチ　　□ 悪いタッチ

5. 人がどう反応するかを見るために，人をたたきます。
   □ 良いタッチ　　□ 悪いタッチ

6．お母さんは，あなたが疲れているときに，背中をさすってくれます。
　　　□　良いタッチ　　　□　悪いタッチ

7．あなたのお姉さんが，大切な場所にあなたのペニスを入れさせます。
　　　□　良いタッチ　　　□　悪いタッチ

8．ときどき，人前であなたは自分の大切な場所をさわります。
　　　□　良いタッチ　　　□　悪いタッチ

9．大人の人があなたの大切な場所に口をつけてきます。
　　　□　良いタッチ　　　□　悪いタッチ

10．ときどき，あなたはしていいかと聞いた後で，彼氏／彼女とキスをします。
　　　□　良いタッチ　　　□　悪いタッチ

11．ときどき，あなたは弟の前で自分の大切な場所をさすります。
　　　□　良いタッチ　　　□　悪いタッチ

12．ときどき，あなたはレスリングなどをして遊んでいるときに，自分の大切な場所を相手にこすりつけます。
　　　□　良いタッチ　　　□　悪いタッチ

13．近所の知り合いの高校生が，大切な場所をさわるように求めてきて，あなたは，それをさわります。
　　　□　良いタッチ　　　□　悪いタッチ

よくできました！　少し休憩しましょう。カウンセラーの先生は，良いか悪いかを考える練習ができる，こうした例をほかにも教えてくれるかもしれません。「良いタッチ」と「悪いタッチ」の違いを学ぶことで，あなたはより幸せな人生を送ることができるでしょう！

第４章
良いタッチと悪いタッチ

課題４C

　たいていの人は，成長するなかで，「良いタッチ」と「悪いタッチ」をするものです。あなたがいままでしたことのある「良いタッチ」の例を五つ書いてください。

1. _____

2. _____

3. _____

4. _____

5. _____

課題４D

　今度はあなたが，いままでしたことのある「悪いタッチ」の例を五つ書いてください。

1. _____

2. _____

3. _____

4. _____

5. _____

いいですか！　こうした課題に正直に答えたり，本当のことを話したりするとき，あなたは「正しい思考」ができているのですよ。第5章では「正しい思考」について学びましょう。

> よくがんばりましたね！
> この章はたいへんでしたね！
> さあ，いよいよ，
> ロードテスト4を受ける
> 準備がととのいました。

どのくらいがんばったか，チェックしましょう

ロードテスト4　良いタッチと悪いタッチ

（本を見てもいいです）

名前：＿＿＿＿＿＿＿＿＿＿＿＿＿＿＿＿＿

日にち：＿＿＿年＿＿＿月＿＿＿日＿＿＿曜日

満点は13点です。合格は12点以上です。

1. お母さんやお父さんに抱きしめてほしいと求めるのは？（1点）
   □　良いタッチ　　□　悪いタッチ

2. 「悪いタッチ」を意味するのは，どれ？（1点）
    A._____食事のとき，お行儀が悪いこと
    B._____髪の毛をきれいにとかさないこと
    C._____「いいよ」と言われてないのに，人にさわること
    D._____歯みがきをしないこと

3. 問題のある行動，あるいは問題のある性的行動だと思うものを，つぎのリストからすべてえらんでください。（5点）
    ☐ 人の前で自分の大切な場所をさわる。
    ☐ カウンセラーと握手する。
    ☐ 着がえ中の人をのぞく。
    ☐ 人の前で体のことを必要以上に話す。
    ☐ 弟や妹の大切な場所をさわる。
    ☐ 人のお尻をつかむ。
    ☐ 抱きしめてとお母さんにたのむ。
    ☐ キスの場面がある映画を見る。

4. あなたは人に対して，悪いタッチをしないように行動をおさえることができます。（1点）
    ☐ 正しい   ☐ 間違い

つぎの5〜7の質問では，それぞれの場面を読んで，「良いタッチ」か「悪いタッチ」か決めてください。

5. ジュンコはカウンセラーの先生に会うと，うれしくなります。ジュンコはカウンセラーの先生に会うと，握手をして「こんにちは」と言います。（1点）
    ☐ 良いタッチ   ☐ 悪いタッチ

6. アツシはカウンセラーの先生が好きで，カウンセリングの部屋に行くと，先生のすぐ横に座り，先生の腕や足をさわりはじめます。（1点）
　　□　良いタッチ　　　　□　悪いタッチ

7. ヒデアキはお母さんに，気分が悪いので背中をさすって欲しいとお願いします。お母さんは「いいわよ」と言います。（1点）
　　□　良いタッチ　　　　□　悪いタッチ

8. 第4章を読んで何を学びましたか。（2点）

_____

_____

_____

よくがんばりましたね！　シールをもらって，私の進度表の第4章のところにはりましょう。

もうどのくらい進みましたか。見てごらんなさい。ものすごく進歩しましたね！

幸せで健全な生活はこの先

あんぜん
1

第5章

正しい考えと間違った考え

　タッチの問題のある子どもは，自分はもうなおらないのではないかと心配します。しかし，そうではありません。生まれつきタッチの問題のある人はいません。彼らも，はじめは，ほかの子どもと同じように普通に生活をしていたのです。タッチの問題のある子どもは，たいていの場合，だれかほかの人がさわっているのを見たり，あるいは，だれかほかの人にさわられたりして，「悪いタッチ」を学んでしまったのです。

　この本で，あなたは自分の行動を変えるための，たくさんの新しい方法を学びます。あなたが学ぶなかで最も重要なことのひとつは，自分がどのように間違った考え方をしているかを知るということです。すべての人間の行動は「脳」で始まります。ですから，どんなふうに自分の脳が働いているのかということに目を向ければ，どうすれば行動を変えることができるかがわかることになります。

　この章で，あなたは〈正しい考え〉と〈間違った考え〉について学びます。いままでとは違う行動のしかたや，考え方を身につけるために，自分の脳をどう使うかということを学びます。

　〈正しい考え〉をしているとは，あなたが健全で良い方法で考えていることを言います。また，その行動をしたらどうなるか，先のことを考えたり，いま自分のしていることについて考えたりしているときのことです。そして，あなたが自分の選択や行動に責任を

> 違う考え方がわかると，
> 違う行動ができるようになる。
> 君だったら，できる！
> 君は，新しいことを学べるすばらしい人間だ。

> **正しい考え**
>
> 私は、自分を何とかできるわ。
> 変えることができると信じている。自分の間違いを認めます。

> **間違った考え**
>
> 私は、自分で何とかできないわ。絶対、変えることなんてできない。あなたのせいよ。

負い、自分のしたことを認め、真実を言っているとき、「正しい考え」をしていると言うのです。

　〈間違った考え〉をしているとは、自分のしたことをほかの人のせいにすることを言います。また、自分がやったことを認めずにうそをつき、自分の行動がほかの人たちをどんなに傷つけたのかを考えようとしないことです。そして、あなたが自己中心的になり、何か違法なことをしたり、ルールを破ったりしても、それを黙っていたり、結果を考えず、起こったかもしれないことについて考えようとしなかったりすることを言います。

　あなたは、なぜ〈正しい考え〉と〈間違った考え〉について学ぶのかわかっていますか。なぜなら、それは、あなたが人間だからです。人間は、体をコントロールするために脳や思考を使います。そうです、〈正しい考え〉は〈良いタッチ〉につながり、〈間違った考え〉は〈悪いタッチ〉につながるのです。

　もし、あなたが今、〈正しい考え〉を学ぶことができたら、将来、やっかいなことから抜け出すことが、より簡単になるでしょう。

　〈間違った考え〉は、〈思考の誤り〉とも言われます。〈思考の誤り〉とは、考えることに失敗したようなものです。だから、〈間違った考え〉というのは、頭のな

かで間違いをしているようなものです。〈間違った考え〉は、どこか違う道を進んでしまい、迷ったり行き止まりになったり、崖っぷちから飛び出してしまうようなものです。

さまざまな種類の〈思考の誤り〉があります。以下は、基本的な〈思考の誤り〉のリストです。

> わ〜！　もっとよく注意してブレーキを使えばよかった。そうすれば、大変なことにならなかったのに！！

怒り

これは、あなたがいだいた別の感情について話すかわりに、怒りをあらわにして、自分の感情を表現することです。たとえば、タケシは、ほかの子にからかわれていましたが、そのことをだれかに相談したり、先生に助けを求めたりするかわりに、ほかの子どもの顔を殴りつけて、その子の目のまわりにあざを作ってしまいました。タケシは、そのせいで停学処分になりました。これが「怒り」という思考の誤りです。

人のせいにする

これは、あなたが自分でしたことを、ほかのだれかのせいにすることです。たとえば、ヒロミは、自分がゴロウからカードを盗んだのに、「ヒデキが盗んだんだ」と言います。これが「人のせいにする」という思考の誤りです。

言い訳をする

これは、自分の行動に対して言い訳をすることです。これは、本当の理由ではな

い，何か別の理由で，自分のしたことを説明することです。この〈思考の誤り〉は，別名，「正当化」とも言います。たとえばユキオは宿題を提出しなかったとしましょう。それで先生が，どうして宿題を出さないんだとたずねると，「ぼくが部屋にいると，イノシシに取り囲まれて，動けなくなっちゃったんです。それで，おなかがへってるみたいだったので，ぼくの宿題をあげたら，食い散らかして，ドッと走り去っていったんです」と答えました。これが，言い訳をするということです。

思いやりのなさ

これは，あなたが自分のことだけを考え，自分の振る舞いがほかの人にどういう影響を与えているのか，考えないことです。この〈思考の誤り〉は，別名，「**ぼく，ぼく，ぼく**」といいます。これは，自己中心的でほかの人のことについて考えない，あらゆることを指します。たとえばレイコは，ほかの子に寄っていっては，「あんたの服，ダサいわね」と，相手がいやな顔をしているのもお構いなしにこきおろします。これが「思いやりのなさ」ということです。

うそをつくこと

これは，あなたが本当はしたことを，しなかったと言うことです。たとえばジョウジはシンジを殴りました。シンジがそのことを先生に告げ口すると，ジョウジは，「そんなこと，してない！」と言いました。これが「うそをつくこと」です。

最小化

これは，あなたが何か悪いことをしたとき，実際よりもそれほど悪くはないように見せかけることです。また，出来事のごく一部分だけを認めて，自分の過ちが小さなことであるかのように見せかけることです。「〜だけ」とか「ほんの少し」「ちょっとだけ」というような言葉は，あなたが，この「思考の誤り」を使っているかもしれないことを示す警戒警報です。たとえば，テルコは怒って，両親のランプを床に投げつけてこわしました。そのことについて問いただされたとき，テルコ

はこう言いました。「**ちょっと**さわった**だけ**なのに，テーブルから落ちてしまったの」。これが「最小化」ということです。

ちっとも，いっつも，ばっかり

これは人が，「ちっとも」「いっつも」「ばっかり」というようなことばを使うことをいいます。この「思考の誤り」は，別のことばで「**一般化**」とか，「**白黒思考**」と言います。人は，自分の主張を通すために大げさに言うこともあります。たとえば，ある女の子はお母さんにこう言いました。「お母さんは私がしたいことを**ちっとも**させてくれない」。別の例では，ある男の子がお父さんに言いました。「お父さんは，**いっつも**ぼくじゃなくてジロウの言うこと**ばっかり**信じてるんだ！」。両親から「あんたは**いっつも**片づけないで出しっぱなしね！」と叱られるのっていやじゃないですか。だっておそらく，あなたは過去5年間のうち，少なくとも1回は片づけをしたでしょうからね。これが「ちっとも」「いっつも」「ばっかり」ということです。

レンは11歳です。彼は「間違った考え」や「思考の誤り」について学びました。レンの話を聞いてみましょう。

もし，あなたが何か悪いことをして，それをだれかほかの人のせいにしたら，それは「思考の誤り」です。もし，あなたよりずっと幼い子に性的にさわることを考えていたら，たとえ実際に悪いタッチをしていなくても，それは「思考の誤り」です。もし，あなたが，自分はいつも人からいじめられると思うなら，それは「思考の誤り」です。なぜなら，あなたは援助を得られないわけではないからです。自分でより良い状況を作るために，人に相談したりするなど，問題を解決するための行動をとろうと思えばとれるからです。もし，あなたが何か問題をおこして，バレないようにとうそをつくなら，それは「思考の誤り」です。正直に自分のしたことを認めることがいちばん良い方法です。

レンの話

タカシは7歳です。自分の体と行動を管理することを学ぼうとしています。タカシは「正しい考え」について学んでいることを説明します。タカシの説明を聞いてみましょう。

「正しい考え」というのは，本当のことを言うことです。そして，悪いことをしたことを認めることです。自分だけのことじゃなくって，ほかの人のことを考えることです。「間違った考え」というのは，うそをつくことです。そして，自分のことばっかり考えることです。ほかの人のせいにばかりすることです。

タカシの説明

ごめんなさい。ぼく，ママのお金を使っちゃった。ぼくがとったんだよ。

キョウスケは9歳です。彼は自分の過ちを認めたので，「正しい考え」を使っています。彼が勇気をふるって話してくれることに耳を傾けてみましょう。

キョウスケの話

やれやれ

ぼくがそれをしたのは8歳のときでした。自分のしたことは悪かったと思っています。ぼくは6歳と7歳の妹に悪い性的タッチをしました。ぼくは捕まったとき，悲しかったです。捕まりたくなかったんだと思います。いま，ぼくはみんなに助けてもらっているので，将来，刑務所に行かなくてもすむと思うので，うれしいです。

以下は,「正しい考え」の例です。

- 自己中心的に振る舞うかわりに,どんなふうにほかの人の役に立つか考えること。
- 良い友達になることを考えること。
- だれか他の人に先にゆずってあげること。
- 自分ひとりで秘密にしておくのではなく,ほかの人と分かち合うことにすること。
- あなたがしたことを正直に話すこと。
- あなたが心配なことを話すこと。
- 衝動的に行動せず,それをやったらこの先どうなるかを考えること。
- ほかの人を傷つけていないかどうか,自分で確認し続けること。
- 怒ってすませるのではなくて,自分の気持ちを話すこと。
- だれかに起きたことを人のせいにするのではなく,自分のした悪いことについて考えること。
- めんどうくさそうに「後でする」と言うのではなく,すぐに,すべきことをしてしまうこと。

課題 5A

　やっかいなことにならないようにするためのいちばん良い方法は，いつも「正しい考え」を使うことです。あなたが，ここ1～2週間のあいだに「正しい考え」を使った例を四つあげてみましょう。わからないことがあったら，カウンセラーの先生やお父さん，お母さんにたずねて，助けてもらってもかまいません。

1. _____
_____

2. _____
_____

3. _____
_____

4. _____
_____

課題 5B

　下の文を読んで「**正しい考え**」を使っているか「**間違った考え**」を使っているか，**当てはまる**と思うほうに印をつけてください。カウンセラーの先生や，お父さん，お母さんに助けてもらってもかまいません。

1. リンタロウは，お母さんに，「**お母さんの言うとおり，部屋を散らかしたのはぼくだよ**」と言います。
　　　　☐ 正しい考え　　☐ 間違った考え

2. ミキはお母さんに、「妹の大切な場所をさわってしまった」と言います（ミキが悪いタッチを実際にしたかどうかではなく、**正直に本当のことを言うこと**が、「正しい考え」か、それとも「間違った考え」かを判断してください）。
　　□ 正しい考え　　□ 間違った考え

3. ジュンコは友達のルミに、「もし、あなたが私のDSで遊びたいなら、使っていいよ。私はWiiで遊ぶから」と言います（訳注　DS，Wiiは任天堂のゲーム機の名称）。
　　□ 正しい考え　　□ 間違った考え

4. ジンタはお父さんに、「ぼくが宿題をしなかったのは、**お父さんのせいだ**」と言います。
　　□ 正しい考え　　□ 間違った考え

5. リョウタは、いつもみんなからいじめられています。だから仕返しをするために、いじめっこの**悪口を言いふらしてもいい**と思っています。
　　□ 正しい考え　　□ 間違った考え

6. キタヤマ先生は本をなくしたと言ってショウタを叱りました。しかし、後で先生は自分の車のなかに本があることに気づきました。
　　□ 正しい考え　　□ 間違った考え

7. 10歳のシンジは、タッチの問題があるので、同じ年の友達があまりいません。だから、自分のことを好いてくれる**幼稚園の子どもたち**と一緒に遊んだほうがよいと考えました。
　　□ 正しい考え　　□ 間違った考え

8. お母さんは、キヨコに、部屋の掃除をするようにと言います。キヨコは、「後でする、**ゲームがすんだら**」と言い続けました。
　　□ 正しい考え　　□ 間違った考え

9. タロウは，家族が面会に来てくれないのでイライラしています。施設から逃げたくなりましたが，そうせずにカウンセラーの先生に話をすることにしました。だれかに話を聞いてもらったら，落ち着けるかもしれないと思ったからです。

　　□　正しい考え　　　　□　間違った考え

　よくできました！　もしわからないことがあれば，あなたのカウンセラーの先生やグループに助けを求めなさい。

　さあ，新しいことばを学びましょう。それは「**否認**」ということばです。あなたがうそをついたり，本当のことを全部言わないとき，それを「否認」していると言います。「否認」は，何も起こらなかったかのように見せかけることも意味しています。「否認」は，あなたが進もうとしている道に立ちはだかる大きな障害物のようなものです。

　「否認」は，「間違った考え」のもうひとつのタイプです。

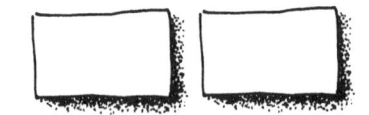

第 5 章
正しい考えと間違った考え

11歳のアヤノは，治療を始めたばかりのころ，なぜ自分の間違った行動を「否認」したのかについて話してくれます。

「過去にやってしまったことについて話をするのは好きじゃなかったし，恥ずかしかったです。とくに性的なことについて話すことはつらかったです。話そうとすると，体のなかがもぞもぞするくらいきまりが悪かったんです。私は，自分が「否認」していたんだということを学びました。いまでは，自分の性的な行動について話をしています。だって，性的なことを話してもいいんだって，わかったんです。私は悪い子じゃないって，自分の失敗について話してもいいんだってわかったんです」。

アヤノの話

多くの人は自分の失敗を隠して，責められたりすることを避けるために「否認」を使います。大人も「否認」を使います。うそをつくことは「否認」のひとつです。あなたがうそをつくとき，あなたは事実を「否認」しています。

右のイラストを見てください。この少女は「キャンディーなんか知らないわ」と言っています。でも，本当のことを言えば，たったいま，彼女が全部食べてしまったんです！ これは「否認」のひとつの例です。

この本で，これからずっと先に進んでいくには，過去にあなたがしたことを「否認」するのをやめて，本当のことを全部話すことが大切です。そうすれば，あなたは，良い生き方ができるようになりますし，自分のした失敗から学ぶことができるのです。

> キャンディーなんか知らないわ

では，ここで，あなたが「否認」をやめるのに役立つ課題に取り組んでみましょう。カウンセラーの先生やお父さんやお母さんに手助けしてもらいながらやってもかまいません。

課題 5C

　この1カ月のあいだで，あなたが正直に認め，話すことができた失敗（良くない行動）を，三つ書きなさい。たとえば，「テーブルの上にあった五百円玉を盗ったのはぼくです」「時計を壊したのはぼくです」「ぼくが犬を蹴とばしました」「ぼくは宿題をやりませんでした」などです。

1. ＿＿＿＿＿＿＿＿＿＿＿＿＿＿＿＿＿＿＿＿＿＿＿＿＿＿＿＿＿＿＿＿

2. ＿＿＿＿＿＿＿＿＿＿＿＿＿＿＿＿＿＿＿＿＿＿＿＿＿＿＿＿＿＿＿＿

3. ＿＿＿＿＿＿＿＿＿＿＿＿＿＿＿＿＿＿＿＿＿＿＿＿＿＿＿＿＿＿＿＿

　つぎに，この1カ月のあいだでついたうそを三つ記入しなさい。実際にうそがばれたかどうかは関係ありません。あなたがついたどんなうそでもかまいません。たとえば，「犬にえさをやっていなかったのに，やったと言った」「本当は入ってないのに，もうお風呂に入ったと言った」「本当は宿題があったのに，宿題はないと言った」「本当は，ウサギにやったのに，全部自分で野菜を食べたと言った」などです。

1. ＿＿＿＿＿＿＿＿＿＿＿＿＿＿＿＿＿＿＿＿＿＿＿＿＿＿＿＿＿＿＿＿

2. ＿＿＿＿＿＿＿＿＿＿＿＿＿＿＿＿＿＿＿＿＿＿＿＿＿＿＿＿＿＿＿＿

3. ＿＿＿＿＿＿＿＿＿＿＿＿＿＿＿＿＿＿＿＿＿＿＿＿＿＿＿＿＿＿＿＿

第5章
正しい考えと間違った考え

> 否認は、自分のためにならない。
> 自分の道をすすむ障害物になるだけさ。

この本では、すべての真実を語ることがとても重要です。あなたが「否認」に打ち勝つのが早ければ早いほど、治療教育は、よりうまくいくでしょう。

「正しい考え」と「間違った考え」のもうひとつの種類は、私たちが頭のなかで自分自身に言いきかせることです。この本ではこれを、肯定的、否定的「自分への話しかけ（セルフトーク）」と言います。自分への話しかけは、自分の頭のなかで自分自身に対して話しかけていることばです。実際に声に出して言うのではなく、ただそう頭のなかで思うのです。

肯定的な自分への話しかけは「正しい考え」です。なぜなら、自分自身に対して、良いことを言っているからです。肯定的な自分への話しかけは、自分の頭のなかで自分自身に対して話しかけている、肯定的で、役に立つことを意味します。たとえば、「ぼくは賢いし、親しみやすい」というのは、肯定的な自分への話しかけです。「ぼくは、精一杯がんばっている。だから、すぐにできるようになるさ」というのも、ひとつの例です。また、「失敗してもいいさ。もっとうまくできるように、学んでいるんだから」というのも肯定的な自分への話しかけの例です。

肯定的な自分への話しかけ

> ぼくは、新しいやり方を学んでいます。
> たとえ、間違いをしても、ぼくは、賢いし、親しみやすい人間です。

否定的な自分への話しかけ

ぼくはどうせだめなんだ。みんなぼくを嫌ってるし。どうせぼくの悪口を言ってるに決まってる。やっかい者さ！

否定的な自分への話しかけは「間違った考え」です。なぜなら，私たちは自分自身に対して悪いことやひどいことを言っているからです。否定的な自分への話しかけとは，「ぼくはどうせだめなんだ。何をやってもうまくできっこない」などと自分に対して話しかけることです。また，「ぼくはハンサムじゃないし，だれにも好かれるはずがない」なんていうのも，否定的な自分への話しかけの例です。否定的な自分への話しかけは「間違った考え」です。だから脳にそれをやめるよう言うべきなのです。

わかる？　あなたは，自分の脳に否定的な自分への話しかけをやめるように，また，「間違った考え」をやめるように言うことができるのです。それは，「正しい考え」「間違った考え」について学ぶのと同じくらい簡単な場合もあるのです。あなたはもう，「間違った考え」は悪いタッチにつながることを知っているのですから，「間違った考え」を使うのをやめると決心することができるはずです。とても簡単なはずです。さあ，やってごらんなさい。あなたの考えをがらりと変えなさい。あなたが自分にはうまくできないと思い始めたら，自分が得意なこと，良いところを自分に言い聞かせなさい。たとえば，「私は行儀が良いし，人に親切だ」と自身に言い聞かせるのは簡単なことです。

第 5 章
正しい考えと間違った考え

課題 5D

　いくつか肯定的な自分への話しかけについて練習しましょう。下に，あなたが自分自身について好きなところを三つあげなさい。あなたが書いたことについて，だれもとやかく言いません。これは，あなたのリストですから。あなた自身が，自分について良いところ，健全なところだと思うことを三つ書けばよいのです。

1. _____

　_____

2. _____

　_____

3. _____

　_____

> ぼくは，強力なボディーとエンジンをもっているよ。どんなひどい道でも走り抜けることができるよ。

さあ，あなたはいま，正しい道にいますよ。あなたは肯定的な自分への話しかけを使うことを学びましたね。それは，「正しい考え」です。あなたの脳はいま，うまく働いています。とても賢い人たちでさえ，ときに間違いをするものです。この章であなたは，たとえ何か悪いことをしたときであっても本当のことを話すということを学びました。それは，あなたが「サバイバー」になるための大きな一歩なのです！　あなたは「思考の誤り」について学び，「正しい考え」を使うことによって，そうした「思考の誤り」を修正することも学んだのです！　あなたは，あなたの脳がすべての行動を決定していること，そして肯定的な自分への話しかけを使うことによって，どのように自分の脳の働きぐあいを変えることができるかも学びました。さあ，こうしたことをどのくらい覚えているかをみてみましょう。ロードテスト5にがんばって取り組みましょう。あなたなら，きっとできるはずです！

どのくらいがんばったか，チェックしましょう

ロードテスト5　正しい考えと間違った考え（本を見てもいいです）

名前：＿＿＿＿＿＿＿＿＿＿＿＿＿＿＿＿＿＿＿

日にち：＿＿＿＿年＿＿＿月＿＿＿日＿＿＿曜日

満点は12点です。合格は11点以上です。

1. 以下の例のうち，正しい考えだと思うものすべてに印をつけなさい。
   （2点）
   - ☐　失敗したことについて，本当のことを言うこと
   - ☐　自分のおもちゃは手放さず，決してほかの人に貸さないこと
   - ☐　あなたの失敗を，ほかの人のせいにすること
   - ☐　たとえ自分が忙しくても，ほかの人の手助けをすること
   - ☐　自分が困らないようにするため，問題があるのにうそをつくこと

2. 間違った考えは悪いタッチにつながる。（1点）
　　　□ 正しい　　　□ 間違い

3. 正しい考えは良いタッチにつながる。（1点）
　　　□ 正しい　　　□ 間違い

4. 間違った考えは良いタッチにつながる。（1点）
　　　□ 正しい　　　□ 間違い

5. 正しい考えは悪いタッチにつながる。（1点）
　　　□ 正しい　　　□ 間違い

6. 否認は正しい考えのひとつである。（1点）
　　　□ 正しい　　　□ 間違い

7. あなたがうそをついたり，すべて本当のことを言わなかったりするとき，それを何と呼びますか。（1点）
　　A._____証拠隠滅
　　B._____正しい考え
　　C._____否認
　　D._____再犯

8. この本をやりとげるために，あなたがすべきことは何ですか。（1点）
　　A._____本当のことを少しは言う。
　　B._____一日おきに本当のことを言う。
　　C._____いつでもすべて本当のことを言う。
　　D._____個人的で私的なことなので，本当のことは，自分自身のなかにしまっておく。

9. 以下のリストのなかで，肯定的な自分への話しかけの例にあたるもの，すべてに印をつけなさい。(3点)

☐ ぼくは，何をしてもうまくできない。
☐ ぼくは，とても正直者です。
☐ ぼくは，動物にとてもやさしい。
☐ ぼくは，あまり賢くない。
☐ ぼくは，何かをしてと頼まれたら，一生懸命取り組みます。

得点

/12点 ☐ 合格　　☐ もっと勉強がひつようです

　テストも，この章の学習も，よくがんばりましたね！　カウンセラーの先生から，シールをもらって，私の進度表の第5章のところにはりましょう。

その調子！きっと性暴力防止安全チームのりっぱな一員になれるよ！これは，正しい考えだね！

幸せで健全な生活はこの先

あんぜん 1

第6章

あのときみたいな性的な気持ちになったらどうしよう？

　性的な気持ちは，だれにだって起こります。子ども，若者，大人，すべての人が性的な気持ち，つまり性的衝動をもっていますが，必ずしも同じようなものではありません。

　あなたが成長し，思春期に入って体が変化していくにつれて，ますます性的な考えや気持ち，性的衝動をいだくようになるでしょう。思春期になると，あなたの体は大人になる準備を進めています。わきの下や大切な場所（プライベート・パーツ）に毛が生えてきます。もし，あなたが男の子なら，声が低くなってくるでしょう。女の子なら，乳房がふくらみ始め，膣から少し出血すると，生理といわれる毎月のサイクルが始まるでしょう。第7章の「変化する体をよく知って大事にしよう」では，思春期に起こる，たくさんの変化についてもっと詳しく学びます。

　この本では，性的な気持ちを恐れたり，恥ずかしがったりする必要は，まったくありません。この本では，自分の性的な気持ちについてカウンセラーの先生や両親に話すのは良いことなのです。良くないのは，そうした性的な気持ちを行動に表して，悪いタッチをすることです。性的な気持ちをいだいているだけでは，やっかいなことになることはありませんが，悪いタッチをしたら，必ずやっかいなことになります。

　以下は，9歳のヤスオが思いついた考えです。ヤスオは，自分の性的な気持ちや衝動をどんなふうにおさえたらいいかを学んできました。

「ぼくは，マスターベーションはしてもかまわないんだと学びました。男の子のマスターベーションはペニスをこすることです。そうすれば，ほかの人を傷つけることなく，気持ち良くなれます。ぼくは，だれも見ていないところで，ひとりひとりでマスターベーションするのは，悪いことではないと学びました。ぼくは，性的な悪いタッチをしたいという衝動にかられたとき，自分に「落ち着け」と言います。そして，性的な悪いタッチをしたいという衝動から気持ちをそらすために，スポーツのような楽しいこともします。間違ったタッチをしそうでどうしようもないようなときには，だれか大人に話をします。もし悪いタッチをしたら，この先どうなるかについても，考えます。トラブルになることがわかると，自分の衝動を抑えるようになります。」

ヤスオの話

女の子だって，男の子と同じように，性的な気持ちになります。女の子だって，自分の大切な場所をさわりますし，それもマスターベーションと呼ばれます。マスターベーションは自分ひとりだけでやることですし，ドアをきちんと閉めた寝室など，ひとりだけの空間ですべきことです。

以下にあげたことは，あなたが性的な衝動を管理するのに役立つ，10の方法のリストです。

1. 大人に話をする。
2. だれもいないところで，ひとりでマスターベーションをする。
3. 気をそらすために，何かゲームをする。
4. 心のなかで，止まれと言って，もし，性的な衝動を管理できなかったら，この先どうなるかを考える。
5. 自分を疲れさせるために，激しい運動をする。
6. 部屋で50回，腹筋運動をする。
7. とにかくすぐに，年下の子どもから離れる。
8. 子どもの刑務所に行くことが，どんなに恐ろしいかを考える。
9. もし，悪いタッチをしたら，ほかの人がどんなにがっかりするかを考える。
10. 頭のなかで「だめ！」と叫んで，何かほかのことをする。

第6章
あのときみたいな性的な気持ちになったらどうしよう？

課題6A

あなたが自分の性的な感情や，マスターベーションについて話しても大丈夫と感じる人をすべてあげなさい。

1.＿＿＿＿＿＿＿＿＿＿＿＿＿＿＿＿＿＿＿＿＿＿＿＿＿＿＿＿＿＿＿

2.＿＿＿＿＿＿＿＿＿＿＿＿＿＿＿＿＿＿＿＿＿＿＿＿＿＿＿＿＿＿＿

3.＿＿＿＿＿＿＿＿＿＿＿＿＿＿＿＿＿＿＿＿＿＿＿＿＿＿＿＿＿＿＿

4.＿＿＿＿＿＿＿＿＿＿＿＿＿＿＿＿＿＿＿＿＿＿＿＿＿＿＿＿＿＿＿

5.＿＿＿＿＿＿＿＿＿＿＿＿＿＿＿＿＿＿＿＿＿＿＿＿＿＿＿＿＿＿＿

課題6B

さあ，上のリストからひとりを選びなさい。今週のあなたの性的感情について，その人に話しなさい。あなたはその人が性的感情をおさえるには，どんな方法を知っているか，聞きたくなるかもしれません。

話をした人：＿＿＿＿＿＿＿＿＿＿＿＿＿＿＿＿＿＿＿＿＿＿＿＿

相手の人に，あなたが話した内容を書きとめてもらって，署名をしてもらいなさい。

話したこと：

＿＿＿＿＿＿＿＿＿＿＿＿＿＿＿＿＿＿＿＿＿＿＿＿＿＿＿＿＿＿＿＿＿

＿＿＿＿＿＿＿＿＿＿＿＿＿＿＿＿＿＿＿＿＿＿＿＿＿＿＿＿＿＿＿＿＿

署名：＿＿＿＿＿＿＿＿＿＿＿＿

課題6Ｃ

あなたが性的な感情をおさえるのに役立つ方法を三つあげなさい。

1.＿＿＿＿＿＿＿＿＿＿＿＿＿＿＿＿＿＿＿＿＿＿＿＿＿＿＿＿＿＿＿＿＿＿

2.＿＿＿＿＿＿＿＿＿＿＿＿＿＿＿＿＿＿＿＿＿＿＿＿＿＿＿＿＿＿＿＿＿＿

3.＿＿＿＿＿＿＿＿＿＿＿＿＿＿＿＿＿＿＿＿＿＿＿＿＿＿＿＿＿＿＿＿＿＿

　忘れないでください。だれだって成長するにつれて，性的な気持ちになるのです。性的な気持ちは悪いものではありません。それは，まったく正常なことなのです。

　あなたがしなくてはならないのは，ほかの人を傷つけないように，また，あなた自身がやっかいなことに巻き込まれないようにするために，自分の性的な気持ちをどんなふうにおさえればいいのかをしっかりと学ぶことです。

> ときどき，ぼくは，すっごいスピードを出したくなるんだ。でも，ブレーキを使ってスピードを落とすってことを思い出さなくっちゃね。

どのくらいがんばったか，チェックしましょう

ロードテスト 6
あのときみたいな性的（せいてき）な気持（きも）ちになったらどうしよう？

(本（ほん）を見（み）てもいいです)

名前（なまえ）：＿＿＿＿＿＿＿＿＿＿＿＿＿＿＿

日（ひ）にち：＿＿＿＿＿　年（ねん）　月（がつ）　日（にち）　曜日（ようび）

満点（まんてん）は9点（てん）です。合格（ごうかく）は8点（てん）以上（いじょう）です。

1. 以下（いか）の例（れい）のうち，性的（せいてき）な気持（きも）ちをあつかうのに，健全（けんぜん）だと思（おも）う行動（こうどう）すべてに印（しるし）をつけなさい。(5点（てん）)
    - ☐ 運動（うんどう）する。
    - ☐ 読書（どくしょ）する。
    - ☐ ゲームをする。
    - ☐ ポルノ映画（えいが）を見（み）る。
    - ☐ 自分（じぶん）の気持（きも）ちを表現（ひょうげん）するために，だれかの大切（たいせつ）な場所（ばしょ）（プライベート・パーツ）にさわる。
    - ☐ 弟（おとうと）や妹（いもうと）といっしょに同（おな）じ部屋（へや）で寝（ね）る。
    - ☐ 性的（せいてき）でないことを考（かんが）えて気持（きも）ちをそらす。
    - ☐ 友達（ともだち）とケンカをすることで気持（きも）ちをそらす。
    - ☐ 性的（せいてき）な気持（きも）ちがなくなるまで，だれかの大切（たいせつ）な場所（ばしょ）（プライベート・パーツ）をじっと見（み）る。
    - ☐ 知（し）らない人（ひと）にセックスをしようと言（い）う。
    - ☐ 自分（じぶん）の性的（せいてき）な気持（きも）ちを日記（にっき）に書（か）く。

2. 性的（せいてき）な気持（きも）ちは，だれにだって起（お）こる。(1点（てん）)
    - ☐ 正（ただ）しい　　☐ 間違（まちが）い

3. 思春期が始まると，体もいろいろと変化してくる。（1点）
　　□　正しい　　　□　間違い

4. 性的な気持ちは，いつだって悪いものである。（1点）
　　□　正しい　　　□　間違い

5. マスターベーションは，男の子も女の子もときどきするものである。（1点）
　　□　正しい　　　□　間違い

得点

／9点　　□　合格　　□　もっと勉強がひつようです

　テストでも，この章の勉強でも，よくがんばりましたね！　カウンセラーの先生からステッカーをもらって，私の進度表の第6章のところにはりましょう。

君は正しい道を進んでいるよ。ぼくについてきてね！

幸せで健全な生活はこの先

あんぜん
1

第7章

変化しつつある体のことをよく知って大事にしよう

　この本を読んでいるみなさんには、わくわくするような大切なことが待ち受けています。その大切なことは、「思春期」と呼ばれています。なかには、もうすぐ思春期に入ろうとしている人がいるかもしれませんし、もうすでに思春期に入っている人もいるかしれませんね。この章では、みんなの体がどんな働きをしているかを学んで、大きくなっても安全で健康にいられるにはどうしたらいいかを考えてみましょう。この章を読めば、あなたは変化しつつある自分の体のことがもっとわかるようになりますし、自分の体っていいものだなと思えるようになります。

　男の子も女の子も、10歳から13歳くらいになると、体が変化し始めます。この変化のことを「思春期」と呼びます。「思春期」は、子どもの体から徐々に大人の体へと変わる時期のことです。なかには、10歳になるよりも前に思春期に入る子もいますし、13歳を過ぎてから思春期に入る子もいます。思春期は大人になる途中で起こる普通のことなのです。

　バズビーが、ここでみんなにアドバイスがあるそうです。この章を読んで、とっても興奮しちゃう子は多いし、体の絵を見て性的な気持ちになる子もたくさんいます。でも、それも普通のことだということです。

　思春期になると、あなたの体の成長はとても速くなって、たくさんの変化が起こります。見ていちばんよ

> もし性的な気持ちが強すぎると思ったら、少し休んで、カウンセラーと話をしたり、運動をしよう。

くわかるのは，わきの下や大切な場所のまわりに「毛」が生え始めることです。女の子なら，胸が大きくなり始めていることに気づくでしょう。男の子なら，ペニスが大きくなり始めます。また，男女ともに筋肉がよく発達します。男の子は，思春期の後半になってくると，顔に「ひげ」が生えてくるでしょう。男の子の声は，思春期になると低くなってきます。そのほかの変化は，見えない体の内側で起こります。これは大切な時期なのです！

　つぎの絵は，思春期を通じて体がどのように変わるかを示しています。思春期には五つの段階があることに注目してください。あなたは今どの段階でしょうか。

　男の子のなかには，なぜ自分のペニスは，ほかの男の子と違うように見えるのか，不思議に思う人もいるかもしれません。もちろん，男の子も女の子も，大切な場所は，全部少しずつ違った形をしています。体のほかの部分だって，人に

女の子の体：思春期の五つの段階

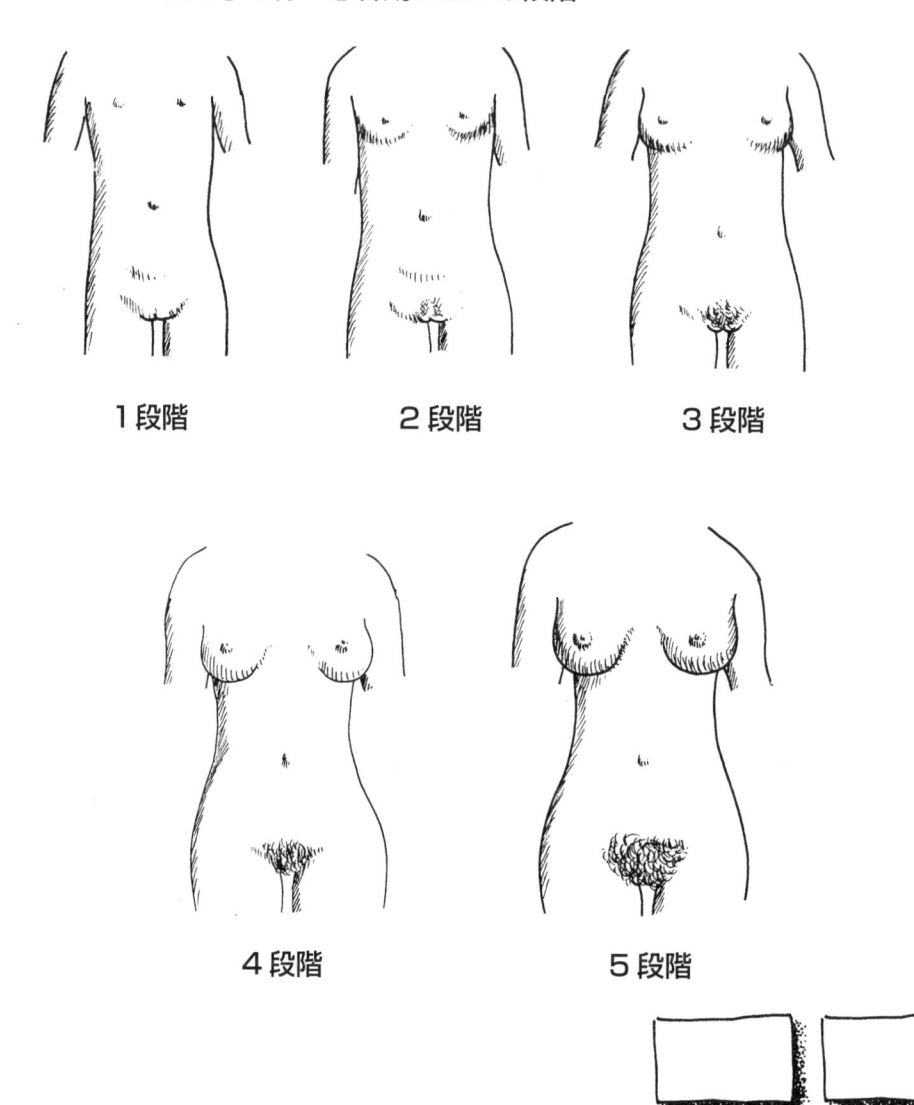

１段階　　２段階　　３段階

４段階　　５段階

男の子の体：思春期の五つの段階

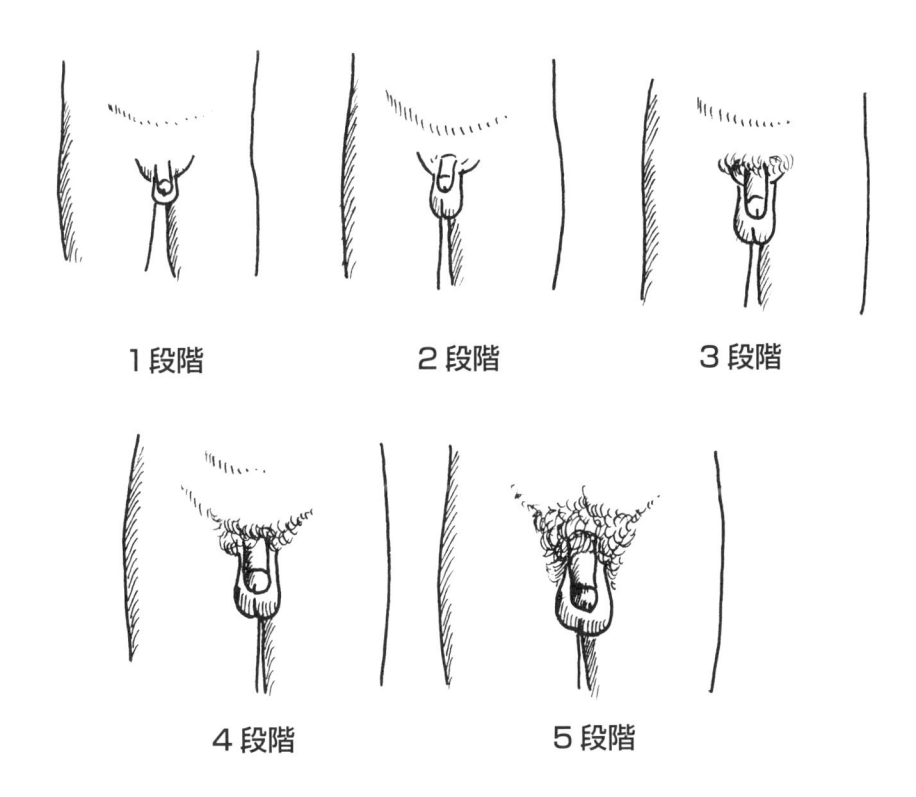

1段階　2段階　3段階

4段階　5段階

よって少しずつ違うでしょう？　それとおなじです。昔，外国で，男の子が生まれると，すぐにペニスの先のほうから包皮を切り取っていたこともあります。これは包皮切開と呼ばれています。

　こうしておけば男の子がペニスを清潔にしておけると，そのころは考えられていたのです。また，家庭によっては，宗教上の理由で，そうしている場合もあります。現代では，赤ちゃんの包皮を残すようにしている親がほとんどです。なぜなら，ちゃんと注意さえしていれば，子どもがペニスを清潔にしておくことは，そんなに難しいことではないからです。それでもまだ，子どもに包皮切開をする親もたくさんいます。そのほうがより健康的であると考えていたり，あるいは宗教的信念をもっているためです。違うようにみえるペニスがあるのは，こうした理由もあるのです。次に二つの図があります。ひとつは包皮が切られたペニス，もうひとつは包皮が切られていないペニスです。

　思春期になると，男の子は「精子」を作り始めます。精子は，女性の体のなかを泳いでいって，卵子と結合して，赤ちゃんを作ります。精子は「睾丸」のなかで作られます。男の子は，精子を一生作りつづけるので，なくなってしまうことはあり

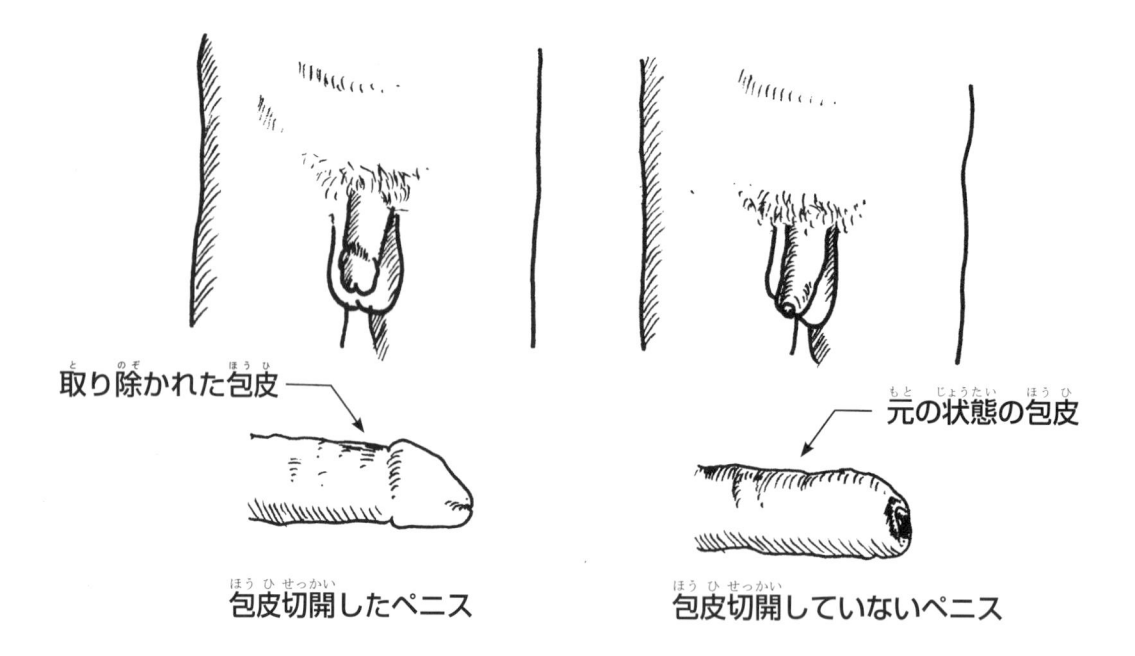

取り除かれた包皮　　　　　　　　　　　　　　　元の状態の包皮

包皮切開したペニス　　　　　　　　　　　　　　包皮切開していないペニス

ません。それはとても小さいものです。精子を見ようと思ったら，顕微鏡が必要です。精子は，男の子や男性がマスターベーションやセックスの最中に「射精」したときに外に出てきます。あるいは，眠っている間に起こる「夢精」でも，外に出てきます。

「マスターベーション」というのは，男の子がペニスをさわったり，こすったりすること，あるいは女の子が「クリトリス」や「外陰」をさわったり，こすったりすることです。とても気持ちの良いものです。

女の子のクリトリスは，「陰唇」が合わさった部分の上部で，少し隠れたところにあります。小さなボタンくらいの大きさで，さわると非常に敏感で，女の子を興奮させます。ではここで，あと二つの言葉を，ついでに説明しましょう。ひとつは「膣」です。女の子だけが膣をもっています。膣は，赤ちゃんが生まれるときに，お母さんの体から外に出てくる通り道です。体の内部にあるので，膣は女の子の内側の大切な場所（プライベート・パーツ）と呼ばれることもあります。もうひとつは「外陰」で，これは，女の子の外側の大切な場所です。外陰は，膣の入り口（膣口）を保護する皮膚および身体部位のすべてをさします。

女の子は，体のなかの「卵巣」と呼ばれる場所に，何十万個もの「卵子」を生まれつきもっています。女の子はみんな，卵巣を二つもっています。思春期に入ると，女の子の体は，毎月ひとつずつ卵子を成熟させていきます。女の子は毎月生理が始まると，こうしたことが自分の体のなかで起こっていることがわかるのです。

第7章
変化しつつある体のことをよく知って大事にしよう

79

- クリトリス
- 尿道口（にょうどうぐち）
- 膣口（ちつこう）
- 肛門（こうもん）

外陰

クリトリス

クリトリスの拡大図

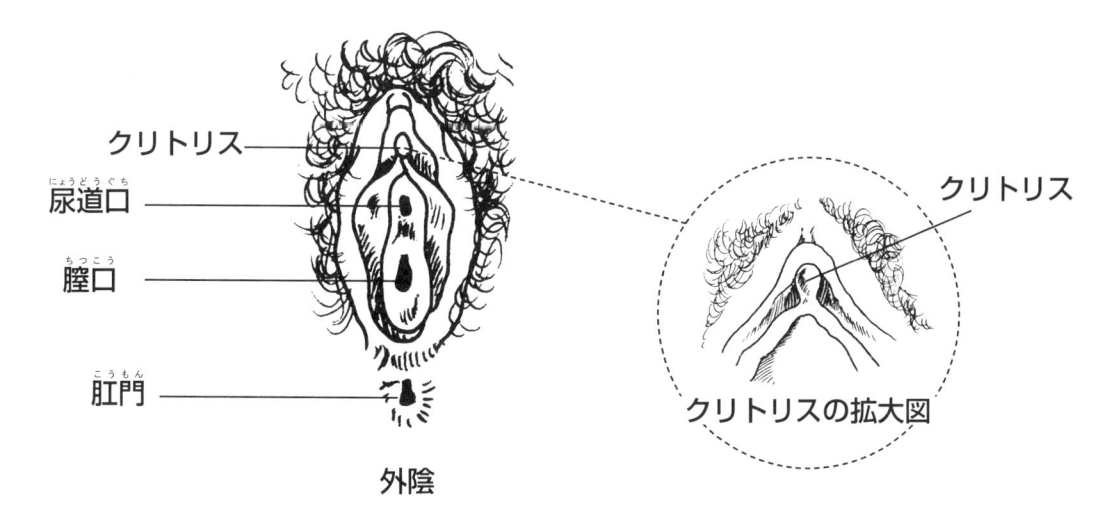

1カ月をかけて，女の子の体は，卵（受精卵）が育つ家を作るために血液やほかの養分などを使いつづけています。でも，卵が（受精せず）その月にその家を必要としない場合，それは膣から流れ出ていきます。この毎月の期間は，「月経」とも呼ばれています。

女の子の内性器（内側の大切な場所）

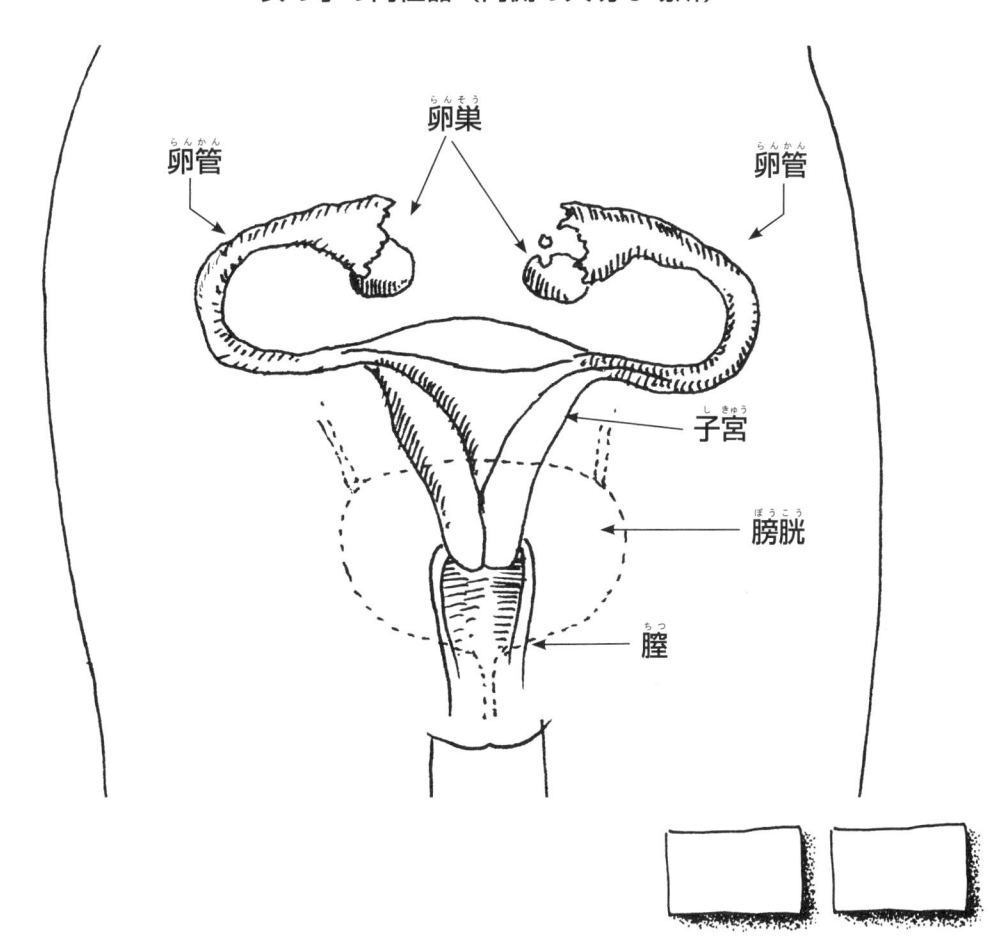

- 卵管（らんかん）
- 卵巣（らんそう）
- 卵管（らんかん）
- 子宮（しきゅう）
- 膀胱（ぼうこう）
- 膣（ちつ）

卵が新しい家を必要とするのは，男性の精子が膣を泳いで上っていき，女性の卵子と結合した場合だけです。もしそうなれば，「受精」が成立します。受精卵は血液のお布団にもぐりこんで，そこで赤ちゃんは成長し始めます。こうしたことは，男性と女性がセックスをすれば起こります。セックスをするとき，男性のペニスは女性の膣に入ります。

　そして，男性のペニスから精子が膣のなかに飛び出します。精子は膣からずっと泳いでいって，卵子を探します。もしそれがうまくいけば，赤ちゃんは女性の体のなかで成長し始めます。赤ちゃんが生まれるくらいまで十分育つには，9カ月かかります。

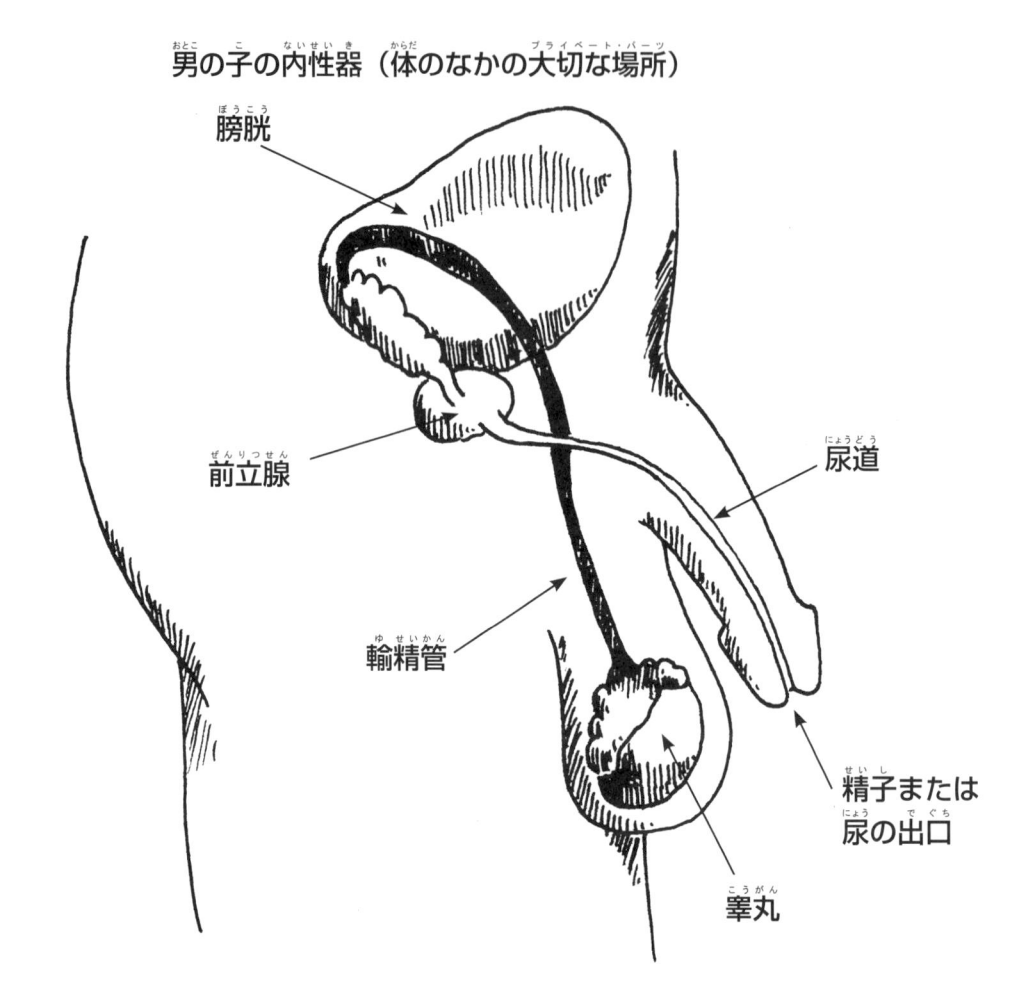

男の子の内性器（体のなかの大切な場所）

- 膀胱
- 前立腺
- 尿道
- 輸精管
- 精子または尿の出口
- 睾丸

　さあ，ちょっとここで休憩しましょう。みんなもカウンセラーの先生も，先へ進む準備ができたら，戻ってきて，ここからスタートしてください。

第 7 章
変化しつつある体のことをよく知って大事にしよう

> わー！いっぱい新しいことを学んだなあ。
> オロオロ、ドキドキだったなあ。
> 少し休みをとって体を動かそう。
> きみは今、注意をはらわなければいけない、
> すごく大事なことを
> やってるんだよ。

　お帰りなさい。さて、男の子や女の子の大切な場所（プライベート・パーツ）について、みんなに知ってもらいたいことが、もう少しあります。ほとんどが性的な接触によってかかる、病気や感染症があるのです。こうした病気や感染症は「性感染症」（STDもしくはSTI）と呼ばれています。この本では、性的なタッチが違法、つまり法律違反になることがあるということや、法律で禁止されている性的なタッチをすれば、大きな問題になるということをこれまで学んできましたね。もっと大事なこととして、ほかの人とプライベート・パーツ（大切な場所）を接触させることによって、こうした特別な種類の病気や感染症にかかることは、非常によくあることだということを知っておいてください。HIV、エイズ、あるいはヘルペスのように、非常に深刻な病気もあります。あるいはまた、毛ジラミのように、ムズムズしてひっかきたくなるだけの場合もあります。毛ジラミは小さな虫で、それが、あなたの大切な場所（プライベート・パーツ）のまわりに住み着いてしまうのです。

　いろいろな種類の性感染症がたくさんあるので、大人になって、かかるかもしれないあらゆる性感染症を予防する方法についてよくわかるようになるまで、性的タッチをしないほうがいいと考えている人が大多数です。

　体というものは、とても特別なものでまた素晴らしいものなのです。もしあなたが良い選択を行えば、あなたは、体を通して、楽しく刺激的な経験をすることができるでしょう。あなたの体がどのように働いているか理解することによって、あなたは自分の体で感じていることについて、心配したり恥じたりする必要はなくなるでしょう。

さらに，なぜ私たちの体が個人的なものなのか，なぜひとりひとりが自分の体の境界線を決定する権利をもっているのかも理解できるはずです。「体の境界線」というのは，個人の私的な空間のことです。つまり，自分のまわりにどれだけの空間が欲しいかということです。もしだれかが，あなたに近づきすぎる場合，その人たちはあなたの境界線に侵入しているか，あるいは私的な空間に踏み込んでいるということになります。

　自分の体に責任をもっていることを示すのもあなたのすべきことです。あなたは健康的であること，清潔にしていること，体を十分大切にすることによって，自分の体に責任をもっていることを示すことができます。

課題7A

　健全な人たちが自分を大切にする方法のいくつかが，この表に書かれています。それを読んで，すでにやっていることであれば「ちゃんとやってる」に印をつけてください。もしこれからやる必要があることなら，「がんばらなくちゃ」に印をつけてください。

身だしなみ課題	ちゃんとやってる	がんばらなくちゃ
毎日お風呂に入るか，シャワーを浴びる		
お風呂かシャワーのときに，シャンプーで髪を洗う		
一日に2回は歯を磨く		
髪をとかす		
毎日清潔な衣服を着る		
毎日下着を替える		
必要なときに爪を切って，きれいにしている		
トイレに行った後，手を洗う		
毎日靴下を替える		
指でほじったりせずに，ティッシュで鼻をかむ		
きれいな衣服と汚れた衣服を決まった場所に置く		

第 7 章
変化しつつある体のことをよく知って大事にしよう 83

あなたがどんなふうに自分を大事にしているかについて，カウンセラーの先生やグループのメンバーに話してください。グループのなかに，清潔で健康的でいるためにもっと努力する必要がある人がいれば，そっと気づかせてあげてください。もしあなた自身がこういったことに努力する必要がある場合は，つぎのページの表を使ってください。カウンセラーの先生は，あなたが表に書きこむのを助けてくれるでしょう。また，それらのことを忘れずにやるように，お父さんやお母さんに毎日みてもらって，サインをもらうっていうのも，いいかもしれませんね。

課題７Ｂ

週間行動チェック表

日常の行動パターンを変え，健全な生活に続く道を歩み続けるために，この表を使いましょう。あなたが努力すべきことを，課題７Ａの身だしなみ課題リストから選んで，または自分で考えて書いてください。最初の目標を達成できたら，つぎの新しい目標をつけたしてください。そのつど大人に署名してもらってください。

努力すべきこと	月	火	水	木	金	土	日

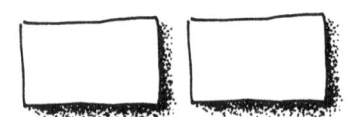

幸せで健全な生活はこの先

よくがんばってるね！こういう努力をするのは，健全な生活を続けていくためにすごく大事なことなんだよ。

　健康的に見えるということは，あなたの体やほかの人たちを大切にしていることを意味します。あなたやあなたの家族，あるいはあなたの友達が困るようなことをしないということによって，それを示すことができるのです。
　以下は，ちょっとした助言です。

1. 鼻をかむときはティッシュを使いましょう。鼻をほじってはいけません。
2. あなたの指，つま先，鉛筆，消しゴムあるいは衣服の袖をしゃぶらないようにしましょう（代わりにのどあめを試しましょう）。
3. 家具の上に足を上げないようにしましょう。
4. 手はさわってもかまわない位置におきましょう。
5. ズボンのチャックを，常に上げておきましょう（トイレを使用している場合以外は）。
6. はっきりと話しましょう。声が大きすぎても小さすぎてもいけません。
7. おならをしてしまったら，そっと「すみません」と言いましょう。おならをするときは，ほかの人から離れましょう。
8. ほかの人の体のことでからかってはいけません。だれでも自分の体を好きでいたいのです。そういった気持ちを大事にしてください！

9. 人と仲良くしましょう。けれどほかの人の「境界線」を大事にしてください。友達がほしいなら，人に親切に接しましょう。自己中心的に接してはいけません。

> ぼくは，親切で清潔で健康的な人が好きだ。

どのくらいがんばったか，チェックしましょう

ロードテスト 7 変化しつつある体のことをよく知って大事にしよう

（本を閉じましょう）

名前：＿＿＿＿＿＿＿＿＿＿＿＿＿＿＿＿＿

日にち：＿＿＿　年　　月　　日　　曜日

満点は19点です。合格は17点以上です。

1. 思春期は女の子だけに起こります。（1点）
   □ 正しい　　□ 間違い

第 7 章
変化しつつある体のことをよく知って大事にしよう

2. 包皮は女の子の大切な場所の一部です。（1点）
   □ 正しい　　　□ 間違い

3. クリトリスは女の子の大切な場所の一部ですが，以下のうちその説明として正しいものに印をしてください。（1点）
   A._____ 気持ちの良い場所です。
   B._____ 赤ちゃんが出てくる場所です。
   C._____ おしっこが出てくる場所です。
   D._____ 女の子の卵子が育つ場所です。

4. 月経の時期というのは？（1点）
   A._____ 男の子が思春期を経験して大人の男性になる時期です。
   B._____ 女の子が毎月，出血し始める時期です。
   C._____ 女の子が年を取りすぎて，子どもを産めなくなる時期です。
   D._____ 女の子が妊娠する時期です。
   E._____ 女の子が大切な場所なところをさするときです。

5. つぎの各項目について，男の子にあるものは（男），女の子にあるものは（女），男女両方にあるものは（両）と書きましょう。（12点）

   卵子_____　包皮_____　外陰_____　睾丸_____

   ペニス_____　胸_____　卵管_____　卵巣_____

   精子_____　子宮_____　膣_____　膀胱_____

6. 女の子が妊娠するのは？（1点）
   A._____ 女の子が誤った日にセックスをしたときです。
   B._____ 女の子がとてもかっこいい男の子とセックスをしたときです。
   C._____ 女の子の体のなかを精子が泳いで，卵子と結合したときです。
   D._____ 女の子が男の子とデートをして，キスを許したときです。

7. 赤ちゃんはどうやってできるのですか。(2点)

___

___

___

___

得点　　/19点　　□ 合格　　□ もっと勉強がひつようです

よくがんばりましたね！　私の進度表に第7章のシールをはりましょう！

しっかりやり続けよう。
自分の体をきちんと世話する時間を毎日とって，身だしなみをよくしようね。この本にしたがって，前進あるのみだよ！

幸せで健全な生活はこの先

あんぜん 1

第8章

自分の体を管理して子どもの刑務所に入らないようにしよう

　性的タッチの問題をもつ子どもたちは，悪い性的タッチをやめて，幸せな生活を送ることができるように支援を受けることができます。でも，12歳ぐらいまでに，悪い性的タッチをやめない子どもは，たいへんな問題になって，子どもの刑務所へ行く可能性があります。その子の悪い性的タッチが，何度注意をされてもやまなかったり，自分でも，まわりの人の協力があってもやめられなかったりするのであれば，8〜11歳でも子どもの刑務所に行くことがあります。

　訳注）日本では，通常は14歳以上ですが，14歳未満でも家庭裁判所で，子どものための裁判（審判）を受けることがあります。また，裁判は受けないとしても，悪い性的タッチをやめられなかったり，保護者がきちんと監督できなかったりする場合には，児童相談所（子ども家庭センター）の判断で，児童自立支援施設に入ることになる場合もあります。

　サエコは11歳ですが，タッチの問題があるので，これまで約半年間，カウンセリングを受けてきました。サエコの話を聞いてみましょう。

私には、たくさんの性的な問題がありました。だから、もう少しで子どもの刑務所に入れられるところでした。私は、小さな子どもに悪い性的タッチをしました。私はときどき、それを自分でやめることができなくなるんです。

自分ではっきりとわかっているのは、子どもの刑務所には行きたくないということです。この本を読んでいるんだから、あなたもきっと、私と同じような問題をもっているのでしょう？ もし性的問題をもっているのなら、そのことをおさえる方法を学んだほうがいいと思うわ。そうでないと、いつかは裁判官から、子どもの刑務所行きだって、言われることになるから。

サエコの話

課題8Ａ

下の空欄に、子どもの刑務所に入らないように努力する理由を10個書いてください。つぎのように考えてください。なぜあなたは子どもの刑務所に入りたくないのですか。

1. _____

2. _____

3. _____

4. _____

5. _____

第 8 章
自分の体を管理して子どもの刑務所に入らないようにしよう　　91

6.＿＿＿＿＿＿＿＿＿＿＿＿＿＿＿＿＿＿＿＿＿＿＿＿＿＿＿

7.＿＿＿＿＿＿＿＿＿＿＿＿＿＿＿＿＿＿＿＿＿＿＿＿＿＿＿

8.＿＿＿＿＿＿＿＿＿＿＿＿＿＿＿＿＿＿＿＿＿＿＿＿＿＿＿

9.＿＿＿＿＿＿＿＿＿＿＿＿＿＿＿＿＿＿＿＿＿＿＿＿＿＿＿

10.＿＿＿＿＿＿＿＿＿＿＿＿＿＿＿＿＿＿＿＿＿＿＿＿＿＿

　ここで，いくつかの重要なことばについて学びましょう。「法廷」というのは，重要な責任者がいる大きな部屋のことです。その人は，「裁判官」です。裁判官は，人が違法なこと，つまり法律で禁止されていることをしたときに，その人がどんな種類の罰を受けるべきかを決めます。裁判官には，多くの罰を与える権限があり，みんなは，裁判官が言うことに従わなければなりません。もし裁判官が刑務所へ行くように命じたなら，裁判官が決めた期間，その人は，刑務所にいなければなりません。

　子どもの場合は，普通の刑務所には入りません。なぜならそこは，子どもにとって安全ではないからです。ですから，もし子どもが法律に違反するようなことをすれば，裁判官は，その子にカウンセリングを受けさせるか子どもの刑務所に送るかもしれません。子どもの刑務所とは別のことばで言えば，少年院とか少年鑑別所と言われます。少年院や少年鑑別所は，ドアに鍵がかけられ，裁判官が出てよいというまでのあいだ，その子はそこで厳しいルールにしたがって生活しなければならないところです。

　訳注）日本でも，裁判官は児童相談所（子ども家庭センター）にその子の指導をゆだねて，カウンセリングなどを受けさせたり，「児童自立支援施設」に入所させたりするかもしれませんし，あるいはその子を少年院や少年鑑別所に入れるかもしれません。

賢い人であれば，子どもであれ，大人であれ，刑務所に入るようなことをしないようにするものです。もしあなたが何も違法なこと，つまり法律で禁止されているようなことをしなければ，子どもの刑務所へ行きなさいと裁判官に言われることなどないでしょう。法律を守ってさえいれば，子どもの刑務所に入ることにはならないのです。

　以下にあげたことは，子どもの刑務所に入らずにすむ，性的タッチについてのルールです。

1. まず許可を得てからでなければ，だれであっても，どんなふうにであっても，人にさわってはいけません。
2. あなたと性的タッチをさせるために，相手に暴力，おどし，おくり物あるいはわいろを使ってはいけません。
3. 相手があなたより3歳以上年下の場合，たとえ相手が「いいよ」と言ったとしても，決して大切な場所にさわってはいけません。
4. セックスや個人的な体の部分について，自分より年下の子どもに話してはいけません。
5. 家族と性的タッチをしてはいけません。
6. 自分の部屋または風呂・トイレのような，ひとりになれる場所に，ひとりでいるとき以外は，自分の大切な場所をさわってはいけません。
7. 他人を傷つけるようなことは，決してしてはいけません。

　間違っている，あるいは不健全なことであっても，合法である（法律には違反しない）場合があります。たとえば，くさったものを食べることは法律に違反しませんが，食べたらおそらく気持ち悪くなるでしょう。あなたが13歳である場合，セックスをすることは合法かもしれませんが，それが良い考えと言えないことはたしかです。つまり，何かが法律に違反していないかどうかを確かめることは，「考え」の一部にすぎないのです。法律に違反していなければいいというだけでなく，あなたは「正しくて健全な選択をしたい」と思うでしょう。

　虫やナメクジを食べることは合法です。でも，それは良い考えでしょうか。おそらく良い考えとはいえないでしょう。森のなかで飢えて死にかけているなら別ですが。

第 8 章
自分の体を管理して子どもの刑務所に入らないようにしよう

体中に紫色の星形を描くことは合法です。でも，それは良い考えでしょうか。おそらく良い考えとはいえないでしょう。あなたがじろじろ見られるのが好きなら別ですが。

性行動は，ある年齢の若者同士にとっては，合法である場合もあります。でも，この本で，性的タッチに大きな責任がともなうことをあなたに知ってほしいのです。もし誤りをおかしたら，子どもの刑務所に行くことになったり，あるいは妊娠したり，だれかを妊娠させたり，重い病気にかかったりすることがあるのです。みんなは，本当にこれらのことをすべて理解できるくらい十分に成長してから，ほかの人との性行動を始めるべきでしょう。

もう一度性的タッチについてのルールを見て，より詳しくひとつひとつの意味を理解しましょう。

1. まず許可を得てからでなければ，だれであっても，どんなふうにであっても，人にさわってはいけません。

ここで，学んでおくべき大事なことばがあります。そのことばは「同意」です。同意というのは，だれかが何かをしてもいいですよと許可することで，その人が，その結果起こることを本当に理解している場合に成り立ちます。幼い子どもや特別な問題をかかえた人は，性的タッチの意味をきちんと理解していないので，「本当の同意」を与えることができません。もし相手が許可をしていないのに，どんなふうにであれ，その人の大切な場所にさわれば，性的タッチはたいてい法律違反になります。相手が自分より3歳以上年下であったり，あるいは特別な問題をかかえた人で，セックスについてすべてを理解していない場合も，たいてい法律違反です。

2. あなたと性的タッチをさせるために，相手に暴力，おどし，おくり物あるいはわいろを使ってはいけません。

おくり物やお金をあげて性的タッチをしようとすれば，それは違法，つまり法律違反です。あなたが相手に「なぐるぞ！」とか，「お前のゲーム機，こわすぞ」な

どと言えば，それも法律違反です。あなたが相手のペットや友達，または家族を「痛い目にあわせるぞ！」などと言えば，それも法律違反です。こういうことをすれば，あっという間に裁判所や子どもの刑務所に，行くはめになります。

3. 相手があなたより3歳以上年下の場合，たとえ相手が「いいよ」と言ったとしても，決して大切な場所にさわってはいけません。

　子どもであっても，警察に逮捕されることがあります。アメリカ合衆国では，8歳でも逮捕される州があります。ほとんどの州で，自分より3歳以上年下の相手か，あるいは相手が12歳未満の場合，性的タッチは法律違反です。

　性的タッチのなかには，ふたりとも性的タッチをしたいと思っていて，ほぼ同じ年齢であり，自分のやっていることを本当に理解できるくらいまで成長している場合だけOKなものもあります。もしあなたが3歳以上年下の相手に性的タッチをしたいと思ったら，気をつけましょう。法律違反かもしれません。カウンセラーの先生が，あなたが実際に暮らしている国の法律を教えてくれるでしょう。

　訳注）日本の法律では，12歳以下の子どもは，本当に同意するにはまだ十分に成長していないと考えられています。ですから，相手が12歳以下の場合，たとえ相手が「いいよ」と言っても，それは本当の同意とは見なされず，すべての性的タッチは法律違反になります。相手から「タッチして」と言ってきたとしても，法律違反であることには変わりありません。もしあなたが，タッチをしたいと思っている相手より年上である場合は注意してください。あなたが「同意」だと思っても，相手は，年齢差からくる恐れのために，「いや」と言えないこともあるのです。その結果，相手があとから不安になり，あなたを訴えれば，あなたのした行為が違法とみなされる可能性があります。アメリカでは，3歳以上年下に性行為をすることは法律で禁止されているくらいです。3歳離れていれば，そこに大きな力の差があると見なされる可能性が高いということを覚えておきましょう。

4. セックスや個人的な体の部分について，自分より年下の子どもに話してはいけません。

　自分より幼い子どもたちに，性的な行動や，個人的な体の部分について話すことは，その子にセックスのことを教え，その子がセックスに興味をもっているかどうかを探って，その子を性的タッチに巻き込もうと，そそのかしていると見なされます。とくに，相手がいやがっているのに，むりやり性的な話を聞かせたり，ほかの人がいるところで，性的な話をすることは，多くの場合，法律違反です。

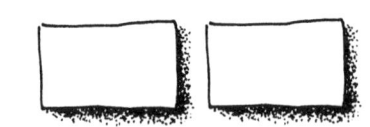

5. 家族と性的タッチをしてはいけません。

すでに，第2章「タッチの問題って何？」のなかで学習したように，家族との性的タッチは，近親姦と呼ばれます。とくに，保護者が子どもに性的タッチをしたり，子どもが性的タッチをされているのに助けないことは法律違反です。家族はいっしょに生活していますし，お風呂やトイレ，着替え中や寝室などで，タッチの機会は多いですが，家族と性的タッチをしてはいけません。

6. 自分の部屋またはお風呂・トイレのような，ひとりになれる場所に，ひとりでいるとき以外は，自分の大切な場所をさわってはいけません。

性的な行動はすべて私的なものなので，ほかのだれも見ることができない個人的な場所で行われるべきです。ほかの人が見ることができる公共の場所で性的タッチをしたり，あなたの大切な場所（プライベート・パーツ）を見せることは，法律違反です。

7. 他人を傷つけるようなことは，決してしてはいけません。

他人を傷つけることは悪いことで，ほとんど必ずといっていいほど法律違反です。性的タッチは，ある人にとっては気持ちの良いものかもしれませんが，相手の人を傷つける可能性もあるのです。生活のなかで，あなたの行動が，ほかの人にどのように影響を与えているかについて，いつも考えるようにするのは良いことです。

あなたは，性的タッチについてのルールを知り，より良く理解したと思うので，これからいくつかの例題を出します。これらの行動が合法か違法かを考えてください。

いいですか！　もし行動が違法，つまり法律違反なら，警察に逮捕され，裁判所や子どもの刑務所に行かなければならなくなることだってあるのです。

課題8B

それぞれの場面について，違法か合法か，正しいと思うほうに印をつけてください。

1. メグミは9歳です。ユキはメグミの親友の妹で，今5歳です。メグミはかくれんぼをしているとき，ユキにキスしたり，ユキの大切な場所にさわりました。
   ☐ 合法　　☐ 違法（法律違反）

2. ジロウは10歳です。ある日ジロウは，6歳の友達ヨウジに，ペニスを見せてほしいと頼み，その後，ジロウはヨウジのペニスをさわりました。
   ☐ 合法　　☐ 違法（法律違反）

3. ジュリは8歳です。ある日，ジュリは4歳の弟に，自分の大切な場所をさわらせようとしました。
   ☐ 合法　　☐ 違法（法律違反）

4. アミは10歳です。放課後，アミは11歳の男の子に，気分が悪いので背中をさすってほしいと頼みました。
   ☐ 合法　　☐ 違法（法律違反）

5. ミチルは11歳です。ミチルは，7歳のいとこの遊び相手をしながら，その子のお尻に自分の大切な場所をこすりつけました。
   ☐ 合法　　☐ 違法（法律違反）

6. エイジはときどき切れてしまいます。ある日学校で，エイジはカッとなって，ある男の子をぶんなぐり，大切な場所をつかみました。
   ☐ 合法　　☐ 違法（法律違反）

7. ユタカは9歳です。彼は同じクラスのユミエにキスしてもいいかとたずねました。ユミエがいいよと言ったので，ユタカは彼女にキスをしました。
   ☐ 合法　　☐ 違法（法律違反）

第8章
自分の体を管理して子どもの刑務所に入らないようにしよう

8. アキラは10歳です。ある日，彼は学校のトイレで，ほかの少年にペニスを見せました。その少年はそれを見たくありませんでした。
   ☐ 合法　　☐ 違法（法律違反）

9. レイカは12歳です。ある日，学校から家に帰るとき，彼女は12歳の友達タケシに，キスしてもいいわね，とたずねました。彼がいいよと言ったので，ふたりはキスをしました。
   ☐ 合法　　☐ 違法（法律違反）

10. ゴロウは11歳です。ある日，彼は学校で，女の先生の後ろに近寄り，手で先生のお尻をつかみました。
    ☐ 合法　　☐ 違法（法律違反）

あなたのカウンセラーの先生は，答えが合っているかどうか，考えるのを手伝ってくれます。間違っても，心配することはありません。大事なことは，いまここで，こうした問題についてしっかり学んで，あなたをトラブルに巻き込むような間違った考えをもったまま大人にならないようにすることです！

性的タッチの問題をもった子どものなかには，自分の体を管理することに関して別の問題ももっている子がいます。そうした問題にも取り組むことが大事です。この本では，いつでも正しい方法で体を管理することを学んでいます。あなたは正しい体の管理や正しい考え方について学習しているのです。もう一度言いますが，あなたの脳は非常に重要なのです。なぜなら，脳が，あなたの行動すべてを管理しているからです。

マコトは，妹に悪い性的タッチをしたので，カウンセリングを受けています。ある日，学校で，マコトはヨシオと激しい口げんかをしました。マコトは，ヨシオを

ののしって，なぐりつけました。ヨシオはすごく怒って，マコトの首を絞めようとします。それでマコトは，はさみをつかんでヨシオを追いかけました。先生たちがけんかをやめさせて，はさみをもってヨシオを追いかけたことを理由に，マコトを停学処分にしました。

　マコトは，先生がヨシオではなく自分を停学処分にしたことについて，はじめはひどく怒っていました。ヨシオが文句を言いはじめたんだから，正しいのは自分だとマコトは思っていたのです。カウンセラーと話をして，自分が間違った考えをしていて，上手に自分の体を管理していなかったことに気づきました。
　マコトの脳は，妹に性的タッチをしていたときと同じように，ぐちゃぐちゃの状態になっていたのでした。
　マコトと同じように，あなたも，自分の体を管理するための，新しいより良い方法を学んでいるのです。

第8章
自分の体を管理して子どもの刑務所に入らないようにしよう

課題8C

　過去2週間に,あなたが,適切に（きちんと）自分の体を管理していなかったと思うことを五つ書いてください。それは,あなたが間違った考えを使い,そのせいで,間違った行動をしていたときと言えるでしょう（たとえば,やるべきことをやらない,だれかの悪口を言う,だれかをぶつ,何かを壊す,なまける,など）。

1. _____

2. _____

3. _____

4. _____

5. _____

課題8D

　では今度は,過去2週間に,あなたが正しい方法で体を管理したことを,五つ書いてください。これらは正しい考えをしたときと言えるでしょう（たとえば,やるべきことをやる。宿題をする,頭にきたという気持ちを話す,自分を落ち着かせる,ものを大事に扱う,からかってくる人を相手にしない,など）。

1. _____

2. _____

3. _____

4. _____

5. _____

この本では，いつでも自分の体ををうまく管理するように努力することが大事です。単に性的タッチについてだけでなく，毎日の生活のあらゆる面で取り組むことが大事なのです。いいですか！　あなたは自分の行動や，脳の働き方を変えることを学んでいるのです。正しい体の管理や正しい考え方について学んでいるのです！

　この本は，運転の教習に似ています。運転手が車を操作するように，あなたは，自分の体をどうやって管理するかを学んでいるのです。正しい方法ですれば，安全でいられます。間違った方法でやれば，自分やほかの人を危険にさらすことになるのです。

うわー！　よく注意してブレーキをかけないと，大変なことになっちゃうよ！

　バズビーだって，脳をうまく使わずに，自分がどこに向かっているのかに注意をしなければ，崖からまっさかさまに落ちてしまうでしょうね。

課題8E

つぎのそれぞれの場面を読んで、その人が正しい体の管理をしているか、それとも間違った体の管理をしているかを判断してください。

それぞれの場面について、正しい答えに印をつけてください。

1. ダイスケは、学校の廊下を走り、ほかの子どもによくぶつかります。
   - □ 正しい体の管理　　□ 間違った体の管理

2. ジロウは施設で生活しています。ある日、ジロウは女の子のお尻について話し始め、手振りをまじえてからかいました。
   - □ 正しい体の管理　　□ 間違った体の管理

3. モモコは里親の家で生活しています。カウンセリング中に、モモコは椅子に座り、自分の生活や気持ちについて話しました。
   - □ 正しい体の管理　　□ 間違った体の管理

4. ダイチは、施設から家へ戻れるかどうかわかりません。ある日、ダイチは家に戻ることはできないと伝えられ、夜になって施設を逃げ出しました。
   - □ 正しい体の管理　　□ 間違った体の管理

5. エリは里親の家で生活しています。ときどき、エリはセックスについての冗談を言って、話を性的なほうへもっていきます。
   - □ 正しい体の管理　　□ 間違った体の管理

6. マサオは、だれかが訪ねて来てくれるのが大好きです。だれかが訪ねてくると、その人のところによっていって、ニッコリ笑って握手の手を差し出します。
   - □ 正しい体の管理　　□ 間違った体の管理

よくがんばりました！
正しい体の管理は，毎日練習する必要があります。

君は成長して，良い行動を学び，健全な生活をする準備ができてきているね。君を誇りに思うよ！

どのくらいがんばったか，チェックしましょう

ロードテスト 8 自分の体を管理して子どもの刑務所に入らないようにしよう（本を見てもいいです）

名前：＿＿＿＿＿＿＿＿＿＿＿＿＿＿＿＿

日にち：＿＿＿＿年＿＿＿月＿＿＿日＿＿＿曜日

満点は16点です。合格は14点以上です。

1. 子どもの刑務所や少年院に入らないように努力する理由を三つ書いてください。（3点）

1) _____

2) _____

3) _____

2. 違法なことについて、正しいものはどれですか。（1点）
    A.＿＿＿してもいいです。
    B.＿＿＿いい考えです。
    C.＿＿＿法律違反です。
    D.＿＿＿いつだって何かをする良い方法です。

つぎの問いの3と4については、それぞれの場面が合法か違法（法律違反）かを判断してください。

3. アキラは、近所に住んでいる年下の女の子が好きです。その子は小学校3年生で、アキラは中学1年生です。ふたりは、お互いの大切な場所をさわりました。（1点）
    □ 合法   □ 違法（法律違反）

4. ジンタは11歳です。彼は、大切な場所をさわらせてと言って、妹に千円あげました。（1点）
    □ 合法   □ 違法（法律違反）

5. 今週、健全な方法で体を管理したことを三つ書いてください。（3点）

1) _____

2) _____

3) _____

6. 違法（法律違反）になるものをすべて印をつけてください。（6点）
   - [ ] 家庭教師の先生が，あなたの大切な場所にさわらせて欲しいと頼みます。
   - [ ] カウンセラーの先生が，あなたの肩を軽くたたきます。
   - [ ] あなたの好きな女の子が，放課後あなたにキスをしたがります。
   - [ ] あなたのお兄さんは，いきなりあなたのパンツのなかに手を入れました。
   - [ ] あなたのお兄さんは，あなたに聞いてからあなたのパンツのなかに手を入れました。
   - [ ] あなたが友達の家に泊ったとき，あなたは見たくないと言ったのに，彼は大切な場所を出して見せました。
   - [ ] あなたの親友のお姉さんが，泣いているあなたを励まそうと抱きしめました。
   - [ ] ある子どもが，学校のトイレでペニスを出して見せました。
   - [ ] デートに誘って2時間後に，相手を振ってしまいます。
   - [ ] 聞きもせずに，小さな女の子の大切な場所にさわります。

7. この本では，性的タッチだけでなく，いつも正しい方法で自分の体を管理するように努力することが大切です。（1点）
   - [ ] 正しい   - [ ] 間違い

得点 /16点   - [ ] 合格   - [ ] もっと勉強がひつようです

カウンセラーの先生にシールをもらって，私の進度表の第8章のところにはりましょう！

第 8 章
自分の体を管理して子どもの刑務所に入らないようにしよう 105

ぼくはスピードを管理しているよ。君も自分の行動を管理してね！君は今,ちょうどいいスピードで走れているよ！ずっとぼくについてきてね！

幸せで健全な生活はこの先

あんぜん 1

第9章
悪いタッチにつながる四つの間違った曲がり角を理解しよう

　悪いタッチをしたいと思って生まれてくる子どもはいません。悪いタッチをしてしまった子どものほとんどは，間違った考えや行動へと導いた「何か」を生活のなかで体験していました。それはちょうど，本当は楽しくて素晴らしい場所に行くつもりだったのに，「間違った地図」を手渡されたばっかりに，つぎつぎと曲がるところを間違えて，全然違う道に出たり，行き止まりになったり，ときには，崖から落ちてしまうようなものです！　これまでにまわりにいた大人や，年上の人たちから，あなたは「間違った地図」を受け取った可能性があることを理解することが大切です。こうした大人や年上の人は，解決しきれていない自分自身の問題をもっていて，そのせいで，あなたを健全な生活に導くことができなかったのでしょう。

　どうして間違った道を進み始めたのか，わかりますか。どうしたらあなたは，健全な人間関係や幸せな生活につながる「正しい道」を進み続けることができるのでしょうか。

　この章では，あなたがこれまでに使っていた「間違った地図」と，どこで，どのようにして，その地図を手に入れたのかを考えてみましょう。また，あなたが行きたいと思うところに行けなくなったのは，どの曲がり角を間違ったせいなのかについても考えます。第14章では，間違った地図を捨てて，ま新しい正しい地図を使う方法を学びます。過去のつらい体験を乗り越えて，後ろに舞い上がる砂ぼこりのなかに，それを捨てていく方法を学びます。こうして学ぶことを，この本では，「サバイバーになる」と言います。第

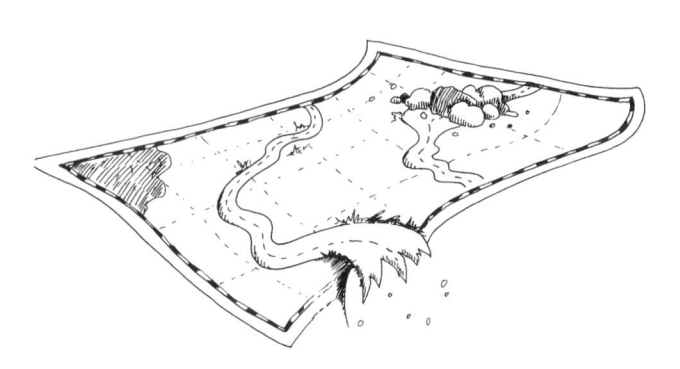

14章では，サバイバーになるための方法について，いっしょに学んでいくことになります。

この章を始める前に，あなたに知っておいてほしいことが，もうひとつあります。この章は，きつい章だということです。なぜなら，あなたができれば考えたくないと思っているような，昔の出来事について考えるように求められるからです。いやなこと，つらいことが起こると，私たちはときどき，そのいやな，つらい記憶をどこかに追いやって，それについて考えないようにします。この章では，過去の良かったことも，つらかったことも思い出すようにもとめられます。きつい章なので，何カ所か，休憩するところを組み込んでいます。あまりにも疲れたり，欲求不満を感じたり，ボーっとしたり，動揺したりするときはいつでも，あなたもカウンセラーの先生も休憩がとれます。必要になったら，休憩をとってください。そして，気分転換をして，準備がととのったら，この本に戻りましょう。

ほとんどの子どもたちは，四つの曲がり角を間違えて，道をはずれ，悪いタッチをしてしまいます。あなたの身に起こったことと，あなたがやったことの両方のせいで，曲がり角を間違えたのです。

悪いタッチにつながる四つの間違った曲がり角

1番目に間違った曲がり角
　間違った地図を手に入れて，あなたを傷つけたり，あなたの欲求を満たしてくれなかったりする悪い人間関係によって，道を閉ざされる。

2番目に間違った曲がり角
　あなたは，心の小さな声を無視する。そして，「間違った考え」をする。

3番目に間違った曲がり角
　危険地帯（悪いタッチをしやすい状況）に足を踏み入れる。

4番目に間違った曲がり角
　ルールを破る。つまり，間違った選択をする。

バズビーの友達であるリサは，この四つの曲がり角を間違えてしまいました。サチコは，どうしてそんなことが起こるのか，あなたがわかるように手伝ってくれるでしょう。

リサは，いま，10歳です。リサは，お母さん，お父さん，そしてお兄さんから性的虐待を受けました。そして，家から離れて，里親家庭で暮らすことになったのですが，そこで，年下の男の子に悪い性的なタッチをしてしまいました。そしていまは，また別の里親家庭で生活をしています。あなたとおなじく，リサは，健全で幸せな生活へと続く道を走り続けられる方法を知りたいと思っています。

幸せで健全な生活をつくるまで，道からはずれないでね。

1番目に間違った曲がり角：間違った地図を手に入れて，あなたを傷つけたり，あなたの欲求を満たしてくれなかったりする悪い人間関係によって，道を閉ざされる。

悪いタッチへとつながる最初の間違った曲がり角は，間違った地図を手に入れて，あなたを傷つけ，あなたの欲求を満たしてくれないような，悪い人間関係によって，道をブロックされることです。というのも，ほとんどの子どもは，幼いとき

わーあああ！もっと注意して，ちゃんとブレーキを踏めばよかった。そうすれば，こんなたいへんなことにならなかったのに!!

第9章
悪いタッチにつながる四つの間違った曲がり角を理解しよう

に世話をする立場にあった，両親やまわりの大人，年上の人から「間違った地図」をもらっているからです。間違った地図は，過去に起こった出来事からできています。小さいときに教えられた間違ったやり方が，間違った地図そのものなのです。そして，間違った地図をもっているということは，学ぶべき健全なことのいくらかを学ばなかったと

> ぼくは，良い地図をもっている。君が，安全な場所に行けるよう手伝うよ。ぼくは，君といっしょにいるよ。

いうことを意味します。あなたの家族が，やさしくて愛情深かったなら，あなたは正しい地図を渡されていることになります。あなたの家族が，痛めつけるような関わりをして，身体的，性的，また心理的にあなたをひどく傷つけるならば，さらに，どんな理由があったとしても，あなたの欲求を満たすことができないならば，あなたは，間違った地図を渡されていることになります。子ども自身は，家族に傷つけられても，欲求を満たしてもらえなくても，非難されるべきではありません。子どもはだれしも，安全で，愛のある家庭が必要ですし，そんな家庭こそがふさわしいのです。もちろんあなたもそうです！　この本やバズビー，そして，カウンセラーの先生は，あなたが，間違った地図を見なおして，新しい，もっと良い地図を作っていくのを手伝うために，ここにいます。

　世界中のすべての子どもたちと同じように，あなたは，安心して幸せでいられるような，そして正しい感じ方や振る舞いを身につけるのを助けてくれるような，健全で，思いやりのある関係を必要としていましたし，いまも必要としているのです。健全な生活や幸せな冒険へとつながる正しい道をたどるための正しい地図には，健全で思いやりのある人間関係がとても大切です。健全で思いやりのある人間関係とは，ほかの人を傷つけることなく，自分が愛されて，賢い，良い人間だと思えるように，ほかの人とうまくやっていく方法です。

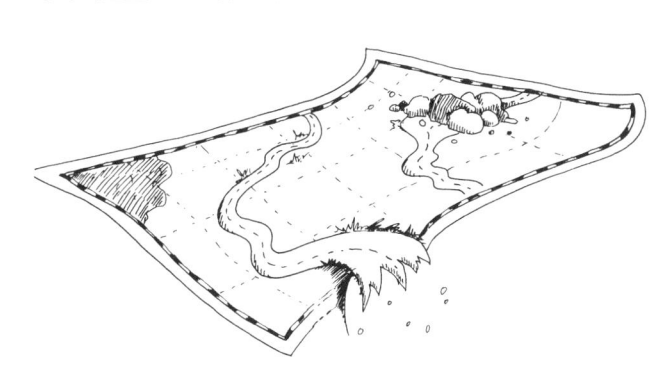

健全で思いやりのある人間関係があれば、あなたは、愛情にあふれて、やさしい気分になるでしょう。あなたは、ほかの人に親切にし、ほかの人はあなたに親切にします。

すべての子どもにとって、健全で思いやりのある人間関係で、もっとも重要なことは、体や心の欲求が満たされているということです。

（ふきだし）ママに世話をしてくれるように頼みに行こう。

体の欲求は、生存（生き続けること）と関係があります。安心で、あたたかく、食べ物が与えられるようなことを含みます。それには、食べ物、水、衣服、眠るのにふさわしい場所、必要なときの薬、歯の管理、身の回りのことを手助けしてくれる人などが含まれます。あなたが大人になったときには、セックス（性的タッチ）は重要で良い生活の一部ですが、あなたはそれがなくても生きることができるので、セックスというのは、本当の体の欲求には含みません。本当の体の欲求とは、それなしには、生存できないものをいいます。そのほかの体の欲求には、運動、動き回れる場所、光、そして新鮮な空気が含まれます。これらは、私たちが元気であり続け、強くて、健康で、良い気持ちになれるように助けてくれます。

心の欲求は、愛されて、必要とされて、求められていると感じることと関係しま

第 9 章
悪いタッチにつながる四つの間違った曲がり角を理解しよう

す。元気でいたり、健康でいるには、心の欲求は、体の欲求とほとんど同じくらい重要であると示している研究がいくつかあります。心の欲求は、あなたが自分を信じ、有能で価値のある人間だと感じることと関係しています。褒めことばや抱きしめることや笑顔は、あなたの心の欲求を満たすのに役立ちます。良い成績をとったり、絵や野球、音楽、あるいは、あなたが大好きなことすべても同じように役立ちます。セックスは、本当の心の欲求ではありません。でも、セックスは、あなたの心の欲求が満たされていて、しかも、あなたが大人であるときには、とても良いものになる可能性があります。人があなたに話しかけ、あなたに耳を傾け、あなたといっしょに時間をすごし、あなたとものごとを分かち合い、心から「あなたが大好き」と言ってくれると、あなたは、自分が愛されて価値のある人間だと感じます。大きなことであっても、ささいなことであっても、人があなたの良い行動を認めてくれるとき、あなたは、愛されて価値のある人間だと感じます。

でも、体や心の欲求が満たされないとき、それがじゃまされたとき、ほかの人たちと同じような健全な人間関係をもつことは難しいのです。体や心の欲求がじゃまされるということは、道を進んでいて、行きたいところに行こうと全力を尽くしているときに、突然、大きな岩が道に落ちてきて、前に進むことができないようなものです。これは、「道路封鎖」と呼ばれています。道路封鎖は、いま、あなたに影響を与えているようなことです。たとえば、リサの両親は、娘の世話をせずに、娘を性的に虐待しました。そうして、両親は、リサが幼いときに、間違った地図を

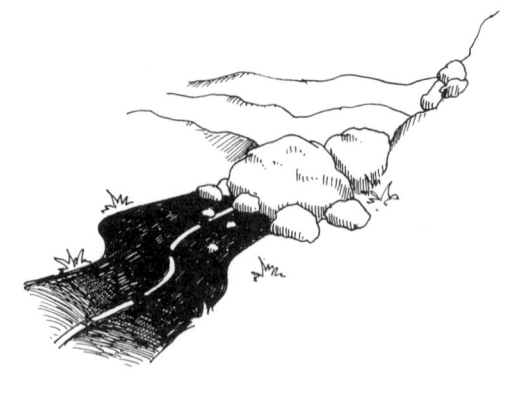

渡したのです。なぜなら，両親は，リサに子どもに性的タッチをするのはＯＫだと教えたからです。リサは，間違った地図のせいでいくつかの道路封鎖が起こっていることに気づきました。ひとつには，リサは，大人を信用していません。ふたつめには，リサはいつも性的にタッチすることを考えています。これらの道路封鎖によって，現在，たくさんの問題がひき起こされています。道路封鎖を解除するのは，簡単ではありません。岩をどけようとしても，方向転換をしようとしても，違う道を探そうとしても，通り抜けることができないのです！　道路封鎖は，あなたが行く必要のある場所へあなたを行かせないようにしています。道路封鎖があるせいで，あなたが，間違った道をたどることになり，行き止まりになってしまうかもしれません。

　道路封鎖を体験するとき，そして，体や心の欲求が満たされないとき，あなたは，不健康な間違ったやり方で，自分の欲求を満たそうとするかもしれません。あなたは，悪い性的なタッチをして，だれかを傷つけたい気持ちでいっぱいになるかもしれません。

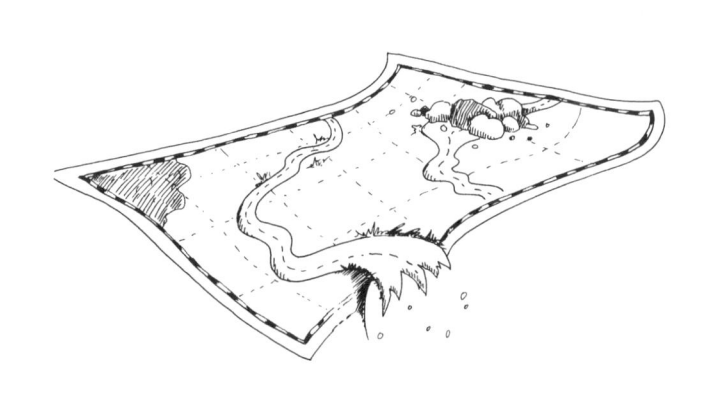

やれやれ，ここらでちょっと休憩しましょう。体を動かしたり，散歩したり，水を一杯飲んだりするのもいいでしょう。あなたとカウンセラーの先生の準備がととのったら，またここに戻って，始めましょう。

> 燃料切れになりそうだ。水を飲もう。ここは，きつい作業だぞ！

　おかえり！　では，あなたの欲求とリサの欲求をいっしょにみていきましょう。そして，あなたを間違った道に送り込む間違った地図をどのように手に入れたのか，健全で思いやりのある関係へと続く道が，どのように封鎖されたかを明らかにしていきましょう。

　欲求を満たすのをじゃまするものが何であるかを理解することは，とても重要です。つぎの課題では，幼いころの体験を振り返り，あなたの過去の間違った地図や，現在の道路封鎖が起きた原因を見つけ出しましょう。この課題はきついかもしれません。なぜなら，つらい気持ちがよみがえるかもしれないからです。でも，あなたが正しい道に戻るのに役立つ大切な課題です。カウンセラーの先生は，あなたがひとつひとつ答えていくのを支えてくれるはずです。

　はじめに，リサが，９Ａの課題に対して，お母さん，お父さんと過ごした生まれた家での体験を語ることで，あなたが取り組むのを助けてくれますよ。

課題９Ａ——リサの答え，最初の家

家族／家１：あなたの世話をしていた人（あなたより年上の人），あるいは，住んでいた家か施設の名前を書いてください。「大きな庭のある緑の家」というようにしか言えなければそれでもいいです。

　実のお母さん，お父さん，そして兄のミチオ。

この家に住んでいたときは，あなたは何歳でしたか（あなたは，__歳から__歳までと書いてもいいですし，何歳で，そしてどれくらいそこに住んでいたと書いてもかまいません）。

　私は，生まれたときから７歳になるまで，その家に住んでいました。

その家での体の欲求や心の欲求がどのように満たされていたかを書いてください（その家について，あなたが覚えている良いことを書いてください）。

　お母さんは薬物をやっていないときは，私の髪を三つ編みにするのが好きでした。
　お母さんは気が乗ると，本当においしい料理をつくってくれました。私は，お母さんのつくったポテトチップを添えたツナ・キャセロールが好きでした。
　お父さんは失業する前は，新しいテニスシューズや洋服を買ってくれました。
　兄のミチオは，私に対してお父さんのようになろうと努力しました。兄は，ホットドッグを作るのが好きでした。
　お母さんは薬物をやってないときには，私のことを大好きだと言ってくれました。
　お父さんは，私のことをきれいだと言ってくれました。
　兄のミチオは，私といっしょに遊ぶのは楽しいと言ってくれました。
　お母さんは，私のことをとても賢いと言ってくれました。

よくできました

第9章
悪いタッチにつながる四つの間違った曲がり角を理解しよう

では、あなたの体の欲求や心の欲求が満たされなかったことを書いてください（その家で起こった、傷ついた、間違った出来事を書いてください……間違った地図です）。

いつも転々と住むところが変わっていました。

いつもおなかいっぱいにご飯が食べられませんでした。

お金がぜんぜんなかったので、電気が消されました。

いつもお母さんとお父さんは薬物をやっていて、私たちの面倒をみることができなかったので、自分たちでなんとかやっていました。

お父さんとお母さんは、私に性的なタッチをしました。

兄のミチオは、私の大切な場所をさわりました。そして、私はついには、入院するはめになりました。

お母さんとお父さんは、しょっちゅうケンカをしていました。お互いにひどいことを大きな声でわめき合っていました。お父さんがお母さんを殴ることもありました。

私の家にはたくさんの知らない人がいて、とても怖かったです。

両親は、しょっちゅう、私を無視しました。そして、決して私に注意をはらいませんでした。私のことはどうでもいいかのようでした。

両親は、セックスのことをたくさん教えました。人がセックスしているビデオを私にたくさん見せました。

だれも、私たちを医者に連れていってくれませんでした。

私は、家の問題は私のせいだと、いつも思っていました。なぜなら、両親は私にたくさん文句を言っていたからです。

私は、いつも学校を変わってて、なじんだと感じたことは一度もありませんでした。

私は、歯磨きのやり方を知りませんでした。それで、ほかの子どもたちは私の口が臭いと悪口を言い、何本かの歯は実際に虫歯になりました。

私の服はいつもみすぼらしく見えました。冬は、私のコートがあまりにボロボロで、あったかくありませんでした。

お母さんは、私のことをバカだと言い、私のせいでストレスがたまると言いました。

だれも洗濯をしませんでした。私がやろうとしましたが、洗濯機は怖かったです。私には洗剤を買うお金がありませんでした。

最後のアパートを追い出されたとき、車のなかで寝なければなりませんでした。そして、それもひどい状態になって、ホームレス用のシェルターに住まなければなりませんでした。

ある日、人がやってきて、お母さんやお父さんをめちゃめちゃに殴りました。

まあ、リサは、本当に混乱した生活を送っていたんですね。彼女は、とてもつらい時間を過ごしてきました。おそらく、あなたも、リサと同じではないにしても、あなたなりに、とてもつらい時間を過ごしてきたことでしょう！

さて、今度はあなたが自分の生活について書く番です。思い出すだけで、いやな気持ちがする出来事もあるかもしれません。でも、良い体験もいやな体験も、人と分かち合うことで、支えを得ることができますし、間違った地図を取りのぞき、道路封鎖を解消して、正しい地図に沿って再出発するための最初の一歩になります！

もし、あなたが住んでいた家をひとつに決めきれないならば、カウンセラーの先生に相談して、この課題をするのに最も重要な家（住んでいた場所）をいくつか選び出す手助けをしてもらいましょう。

課題9A──1番目の家

　家族／家1：あなたの世話をしていた人（あなたより年上の人），あるいは，住んでいた家か施設の名前を書いてください。「大きな庭のある緑の家」というようにしか言えなければそれでもいいです。

_____

　この家に住んでいたときは，あなたは何歳でしたか（あなたは，＿歳から＿歳までと書いてもいいですし，何歳で，そしてどれくらいそこに住んでいたと書いてもかまいません）。

_____

　その家での体の欲求や心の欲求がどのように満たされていたかを書いてください（その家について，あなたが覚えている良いことを書いてください）。

_____

_____

_____

_____

_____

_____

では，あなたの体の欲求や心の欲求が満たされなかったことを書いてください（その家で起こった，傷ついた，間違った出来事を書いてください……間違った地図です）。

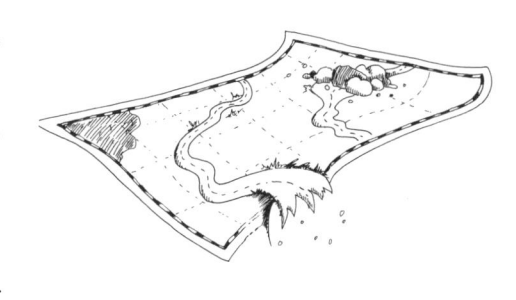

_____

_____

_____

_____

_____

_____

_____

_____

課題９Ａ──２番目の家

　家族／家２：あなたの世話をしていた人（あなたより年上の人），あるいは，住んでいた家か施設の名前を書いてください。「スミス夫妻のいる赤いじゅうたんのあるアパート」というようにしか言えなければそれでもいいです。

_____

　この家に住んでいたときは，あなたは何歳でしたか（あなたは，＿歳から＿歳までと書いてもいいですし，何歳で，そしてどれくらいそこに住んでいたと書いてもかまいません）。

_____

　その家で体の欲求や心の欲求がどのように満たされていたかを書いてください（その家について，あなたが覚えている良いことを書いてください）。

_____

_____

_____

_____

_____

_____

では，あなたの体の欲求や心の欲求が満たされなかったことを書いてください（その家で起こった，傷ついた，間違った出来事を書いてください……間違った地図です）。

_____

_____

_____

_____

_____

_____

_____

_____

_____

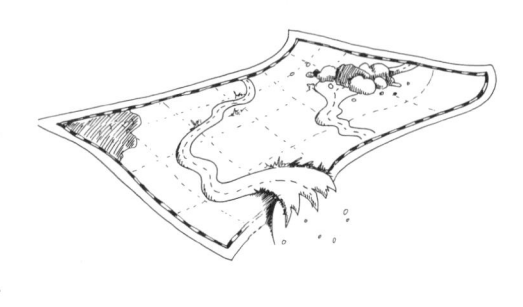

よくできました！　もしあなたが二つ以上の家に住んでいたならば，続けましょう。

課題9A──3番目の家

家族／家3：あなたの世話をしていた人（あなたより年上の人），あるいは，住んでいた家か施設の名前を書いてください。「やぎ小屋のあるのっぽな家」というようにしか言えなければそれでもいいです。

_____

この家に住んでいたときは，あなたは何歳でしたか（あなたは，__歳から__歳までと書いてもいいですし，何歳で，そしてどれくらいそこに住んでいたと書いてもかまいません）。

_____

その家で体の欲求や心の欲求がどのように満たされていたかを書いてください（その家について，あなたが覚えている良いことを書いてください）。

_____

_____

_____

_____

_____

_____

では，あなたの体の欲求や心の欲求が満たされなかったことを書いてください（その家で起こった，傷ついた，間違った出来事を書いてください……間違った地図です）。

_____

_____

_____

_____

_____

_____

_____

_____

よくできました！　もしあなたが三つ以上の家に住んでいたならば，続けましょう。

課題９Ａ——４番目の家

家族／家４：あなたの世話をしていた人（あなたより年上の人），あるいは，住んでいた家か施設の名前を書いてください。

_____

この家に住んでいたときは，あなたは何歳でしたか（あなたは，＿歳から＿歳までと書いてもいいですし，何歳で，そしてどれくらいそこに住んでいたと書いてもかまいません）。

_____

その家で体の欲求や心の欲求がどのように満たされていたかを書いてください（その家について，あなたが覚えている良いことを書いてください）。

_____

_____

_____

_____

_____

_____

では，あなたの体の欲求や心の欲求が満たされなかったことを書いてください（その家で起こった，傷ついた，間違った出来事を書いてください……間違った地図です）。

_____

_____

_____

_____

_____

_____

_____

_____

よくできました

よくがんばりました！　昔のことを思い出して、きっとつらかったことでしょう。

　もし、あなたが四つ以上の家に住んでいたならば（そういう子どもたちは、決して少なくないのです）、もっと多くのスペースがいるでしょうし、この課題にもっと時間をかけることになるでしょう。その場合はページのコピーをもっと欲しいと、カウンセラーの先生に頼んでください。あるいは、白紙を使ってもかまいません。なかには、15や20の違う家を転々として暮らしてきた子どももいます。思い出すのが難しくても、ちっとも不思議ではありません！

　これは、とてもつらい作業です。そして、思い出したことのせいで、しばらくのあいだ、つらくなるかもしれません。あなたのことを心配してくれている大人の人に、思い出したことを話してみるのもいいでしょう。この課題を終えた後で、もっとたくさんのことをいろいろ思い出すというのは、とてもよくあることです。もう一度課題に戻って、これまでに書いた良いこと、悪いことのリストに書き加えたいとカウンセラーの先生に頼んでもいいですよ。

　さて、少し休憩して、何か楽しいことをしましょう！　この本に戻ったら、あなたは、もっとほかの間違った曲がり角のことや、どうやって間違った地図とすべての道路封鎖に打ち勝つかについて、もっと学んでいきましょう。つぎのカウンセリングの時間まで、あるいは、カウンセラーの先生とあなたが続けようと決めるまで、ここでちょっと立ち止まりましょう。

遠い道だったね。
少し休んでガソリンを満タンにしよう。

お帰りなさい！ いまより小さかったときに暮らしていた所のことで，何か思い出したことがありましたか。もしそうなら，前に戻って，あなたが以前作ったリストに書きくわえたいと，カウンセラーの先生に頼みましょう。

では，2番目に間違った曲がり角について学びましょう。

2番目に間違った曲がり角：あなたは，心の小さな声を無視する。そして，「間違った考え」をする。

私たちはだれでも，正しいか間違っているかを教えてくれる心の小さな声をもっています。この声は，ほかの人と接するのに，どんなやり方が正しいか，どんなやり方がいやがられるか，傷つけるかを思い出させてくれます。この小さな声は，間違った選択をしないように，そして，自分やほかの人を傷つけるようなことをしないように導いてくれます。

普通，あなたがやってはいけないとわかっていることをしたくなると，小さな心の声がささやきます。「やったらだめだよ！」「だれかに見つかるよ……たいへんなことになるよ！」「悪いことだよ！」「間違ってるよ！」「人を傷つけてしまうよ！」「ほかの人に同じことをされたらいやだろう！」。でも，間違った地図を渡されていたなら，あなたにはその声が聞こえないことがあるのです。だって，何をやってはいけないかということを学んでこなかったからです。その小さな心の声は，第5章の「正しい考えと間違った考え」で学んだ，自分への話しかけとまったく同じものなのです。

私たちは，小さな心の声を聞いて，幸せなときへと向かう正しい道にとどまることもあります。このことを，「良い選択をする」と言います。でも，ときどき，「間違った考え」，つまり「思考の誤り」におちいって，心の声を無視してしまうことがあります。第5章で，「思考の誤り」についても学びましたね。

「思考の誤り」は，小さな心の声が私たちに教えてくれようとし

> わーああああ！
> もっと注意して，ちゃんとブレーキを踏めばよかった。
> そうすれば，こんなたいへんなことにならなかったのに!!

ていることを無視するために、自分自身につくうそです。小さな心の声が言っていることは、本当のことじゃないと、しばし思い込むために、私たちは「思考の誤り」を使います。「思考の誤り」を使うとき、私たちは、道を外れ、ほかの人を傷つけます。思考の誤りを使うとき、私たちは、間違った選択をしているのです。

では、あなたやリサがどのように心の声を無視し、間違った考えを使ったかをみてみましょう。まず最初に、リサが自分の答えをあなたに見せてくれますよ。

課題9B──リサの答え

あなたが、間違った性的行動をしたときのことを考えましょう。そのとき、どんな悪いタッチをしたかを書いてください。

　私は、里親家庭にいるふたりの小さな子どもの大切な場所（プライベート・パーツ）をさわりました。

あなたが悪いタッチをしているときに、小さな心の声はあなたに何と言っていましたか。

1. 良くないことだよ。

2. その子たちが大人に言いつけるよ。

3. たいへんなことになるよ。

さあ、あなたの番です。

課題9B

あなたが、間違った性的行動をしたときのことを考えましょう。そのとき、どんな悪いタッチをしたかを書いてください。

_____

あなたが悪いタッチをしているときに、小さな心の声はあなたに何と言っていましたか。

1. _____

2. _____

3. _____

よくできました！　正直なのは、勇気あることです。
　もう一度休憩しましょう。この章は盛りだくさんです。先に進むまえに、休憩して、燃料を補給するほうがいいでしょう。カウンセラーの先生が、さあ続けようと言えば、危険地帯について学びましょう。それは、やっかいなことに巻き込まれないようにするために避けなければいけない場所です。

長い旅だね。一度止まって、ガソリンのチェックをしたほうがいいぞ。

お帰りなさい！　それでは，3番目に間違った曲がり角，つまり危険地帯について，学びましょう。

3番目に間違った曲がり角：危険地帯（悪いタッチがしやすい状況）に足を踏み入れる

　子どもにとって，危険地帯とは，普通，良くない生活環境のことです。子どもはたいてい自分の環境を変えることができません。なぜなら，大人が子どもの安全を確保するものだからです。あなたが幼いころに，大人が間違った選択をしたのは，あなたの責任ではありません。しかし，どの子どもも，危険を見分けることを学べます。あなたの家には，悪いタッチをしたいと思わせるようなものがありましたか。あなたの家には，悪いタッチを簡単にしてしまいそうな状況がありましたか。あなたがそばにいるのに，大人や年上の兄弟が，ポルノビデオをみていたり，目の前で性的なことをしていましたか。同じ部屋，同じベッド（布団）で，年下の子どもと年上の子どもがいっしょに寝ていましたか。あなたは，ちゃんと監督（見守り）を受けずに，ほったらかされていることがよくありましたか。こうした共通する事柄が合わさって，危険地帯をうむのです。

　覚えておいてください。幼いころに，危険地帯で暮らしていたことは，あなたの責任ではありません。しかし，これから先，危険地帯を避けるよう学ぶのは，あなたの責任です。

　ここに，あなたが体験したかもしれない危険地帯をあげておきます。

● あなたは，だれかがセックスをしているのを見た。だからセックスをしたいと思った。

● あなたは，インターネットをしょっちゅう利用した。そして，たくさんの性的な画像をみて，悪いタッチのやり方を知った。

● あなたに性的タッチする人がいた，それで，あなたは悪いタッチのやり方を知った。

- あなたは，きょうだいといっしょの部屋に寝ていた。
- あなたのまわりの人は，いつもけんかしたり，薬物をやったりしていた。そしてだれもあなたのことをかまわなかった。
- あなたや家族は，おなかいっぱい食べることができなかった。欲しいものはなんでも盗んでいた。
- まわりの人はいつも，お互いに傷つけあっていた。
- だれもあなたに，どう振る舞えばいいかを教えなかった。

さあ，悪いタッチをしやすくするあなたの危険地帯を見てみましょう。まずは，リサが自分の答えをみせて，ヒントを与えてくれます。リサは，最初の里親家庭で暮らしていたときのことを書くことにしました。そこで，リサは悪いタッチをし始めたからです。

課題9C——リサの答え

たくさんの危険地帯に足を踏み入れていたときの生活環境のことを書きなさい。タッチの問題が始まったときの状況について書きたいでしょうか。あるいは，いちばんたくさんタッチの問題が起きたときの状況について書きたいでしょうか。カウンセラーの先生が，いつの状況を書くのがいいかのアドバイスをくれますよ。

　<u>私の初めての里親家庭には，ふたりの男の子がいました。そこで私は，悪いタッチを始めました。</u>

さて，そのころの生活環境で，悪いタッチをしやすくさせたどんなことがあったのか，思い出せることを書きなさい。

1. <u>私は監督されていませんでした。</u>

2. <u>私はエッチなビデオを見ていました。</u>

3. <u>私は年下の男の子と同じ部屋で寝ていました。</u>

第9章
悪いタッチにつながる四つの間違った曲がり角を理解しよう

さあ，あなたの番です。

課題9Ｃ

たくさんの危険地帯に足を踏み入れていたときの生活環境のことを書きなさい。タッチの問題が始まったときの状況について書きたいでしょうか。あるいは，いちばんたくさんタッチの問題が起きたときの状況について書きたいでしょうか。カウンセラーの先生が，いつの状況を書くのがいいかのアドバイスをくれますよ。

_____

さて，そのころの生活環境で，悪いタッチをしやすくさせたどんなことがあったのか，思い出せることを書きなさい。

1. _____

2. _____

3. _____

4. _____

よくできました。つぎの章では，悪いタッチをしないでいられるように，「特別な安全ルール」のリストを作ります。小さな子どもや，はっきりと自分の意思を言えない子どもと，ふたりきりにならないように気をつけることは大切です。

もし，あなたかカウンセラーの先生が休憩をとりたかったら，ここでとってください。戻ってきたら，「ルールを破って，間違った選択をした」4番目の間違った曲がり角について学びましょう。

とても長い道だ。おやつを食べたら，もっとよく走れるぞ。ぼくといっしょに，休憩しない？

お帰りなさい！用意ができたら，4番目に間違った曲がり角について学びましょう。

4番目に間違った曲がり角：ルールを破る。つまり，間違った選択をする。

わーあああ！
もっと注意して，ちゃんとブレーキを踏めばよかった。そうすれば，こんなたいへんなことにならなかったのに!!

最初に，間違った地図をもらって，道路封鎖に出くわして，あなたが，自分の欲求が満たされない状態になりました。そしてあなたは，自分の欲求を満たすほかの道を見つけようと思って，間違った方向に曲がりました。2番目には，間違った曲がり角を曲がるために「思考の誤り」を使い，小さな心の声を無視しました。3番目に，悪いタッチがしやすくなる危険地帯にはまってしまいました。最後に間違った曲がり角では，ルールを破り，間違った選択をしてしまいました。

間違った地図を手に入れた後，道路封鎖にぶつかって，心の声を無視して「思考の誤り」を使い，そして，危険地帯に足を突っ込んでしまえば，なぜ多くの子どもが，問題行動を起こすようになったかを理解するのは簡単です。ここでは，タッチの問題が始まる原因の一つとなったあなたのした選択について考えてみましょう。どのようにルールを破り，間違った選択をしたかについてわかると，いつも正しい道を走り続けることができるようにどうやって行動を変えるのかを学べます。

いいですか！自分のした間違った選択を理解することによって，健全な生活へとつながる新しく正しい選択をする方法を学んでいくのです。課題9Dでは，過去に行った悪い性的な行動について考えるように求められます。どのようにして，悪い性的な行動をやってのけたのでしょうか。間違った行動をするためにどのようなルールを破ったのでしょうか。まずは，リサが，自分の答えを見せて，あなたを手助けしてくれます。

幸せで健全な
生活はこの先

課題9D──リサの答え

　悪いタッチをするために，ルールを破ったり，間違った選択をどのようにしたりしたかを書きなさい。

1. 私は，こそこそしていました。そして，大人の目につかないところに行こうとしていました。

2. 寝室のドアを閉めて，だれにも私がしていることが見えないようにしました。

3. 私は，嘘をついて，ままごとをしているだけだと里母に言いました。

4. 私は，さわらせてもらうために，里きょうだいのひとりに，自分のこづかいをあげ，もうひとりには，自分のおやつを1週間あげました。

　さあ，あなたの番です。

課題9Ｄ

悪いタッチをするために，ルールを破ったり，間違った選択をどのようにしたりしたかを書きなさい。

1. _____

   _____

2. _____

   _____

3. _____

   _____

4. _____

   _____

あなたは，四つの曲がり角のうち，どれかひとつでも間違ってしまうと，結局は間違った道を進むことになり，行き止まりにぶちあたったり，道路封鎖にたくさん出くわしたり，崖から飛び出してしまうことになりかねないのです！　だからこそ，あなたは，この本で，四つの間違った曲がり角を避けて，代わりに，幸せで健全な生活へと続く道を走り続けられるような四つの正しい方法を選択できるよう，学んでいるのです。

とてもつらかった。でも，君はやりとげた。誇りに思うよ！

幸せで健全な生活へとつながる四つの正しい方法

1. あなたの欲求を満たすような健全な人間関係を築けるようになりましょう。道路封鎖に警戒しましょう！
2. 正しいか，間違っているかを教えてくれる，心の小さな声を聞くようにしましょう。そして，正しい考えができるようになりましょう。
3. 安全に進むことです！　悪いタッチがしやすくなる危険地帯には近寄らないようにしなさい。
4. あなたの「特別な安全ルール」に従いなさい。そして，境界線を大切にするような，良い選択をするようにしましょう。あなたは，第10章で，特別な安全ルールについて学びます。

この四つの正しい道は，カーブの多い高速道路につけられているガードレールのようなものです。あなたが道を飛び出して，自分やほかの人を傷つけないように守ってくれます。この四つのルールを守ることで，あなたはほかの人のことを考えられるようになります。あなたの行動が，ほかの人を助けるのか，傷つけるのかを考えられるようになるのです。あなたは，自分がして欲しいように，ほかの子どもや大人に接することができるようになります。あなたが，正しい道を走れるようになればなるほど，ますます，楽しい時間をすごして，わくわくするような素敵な冒険ができます。正しい選択は，幸せで健全な生活につながっているのです。

大変よくできました！　間違った地図を避けて，障害物に負けないで，正しい考え方を使って，正しく安全なルールを守って，そして，ほかの人を大事にする良い選択を学んだね！

ロードテスト 9

悪いタッチにつながる四つの間違った曲がり角を理解しよう

(本を見てもいいです)

名前：＿＿＿＿＿＿＿＿＿＿＿＿＿＿＿＿

日にち：＿＿＿＿＿年＿＿＿月＿＿＿日＿＿＿曜日

満点は17点です。合格は16点以上です。

1. 男の子も女の子も，生まれつき悪いタッチをしたがるものです。（1点）
    □ 正しい　　□ 間違い

2. 過去のつらい体験を乗り越えることで，人びとは＿＿＿＿になるだろう。（1点）
    A.＿＿＿被害者
    B.＿＿＿犯罪者
    C.＿＿＿不幸でみじめ
    D.＿＿＿サバイバー

3. 間違った地図は＿＿＿＿＿＿から生まれる。（1点）
    A.＿＿＿悪い店
    B.＿＿＿悪い生活体験
    C.＿＿＿悪いコンピューター
    D.＿＿＿悪い新聞

第9章
悪いタッチにつながる四つの間違った曲がり角を理解しよう

4. 健全で思いやりのある人との関係がもてることは、幸せで健全な生活へと向かう道を走り続けるための正しい地図の重要な一部である。（1点）
   - ☐ 正しい　　☐ 間違い

5. 道路封鎖について、正しいものはどれですか。（1点）
   - A. ＿＿＿ 山道にだけ起こる。
   - B. ＿＿＿ 正しい道を走り続けることを助けてくれる。
   - C. ＿＿＿ ときどき間違った選択につながる。
   - D. ＿＿＿ 簡単に突破できる。

6. 危険地帯について、正しいものはどれですか。（1点）
   - A. ＿＿＿ 黄色信号が点滅していると、いつも危険地帯とみなされる。
   - B. ＿＿＿ 危険地帯は、たいてい、悪い生活状況のなかにある。
   - C. ＿＿＿ 危険地帯といっても、たいしたことではないから、たいてい無視できる。
   - D. ＿＿＿ 危険地帯は、頭の良い人には関係ない。

7. 思考の誤りについて、正しいものはどれですか。（1点）
   - A. ＿＿＿ ほかの人に対してつくうそのことです。
   - B. ＿＿＿ 小さな声が私たちに教えようとすることを無視するために、自分自身に対してつくうそのことです。
   - C. ＿＿＿ 頭の良い人だけが使っているものです。
   - D. ＿＿＿ 大人が正しく考えるには年をとりすぎているためにもっている問題です。

8. 健全な関係を築くことは、ほかの人とうまくやっていくことにも、またほかの人を傷つけないようすることにも役立つ。（1点）
   - ☐ 正しい　　☐ 間違い

9. 本当の体の欲求と言えるものすべてに印をつけなさい。（4点）
    - ☐ 食べ物
    - ☐ 水
    - ☐ セックス
    - ☐ 絵を描くこと
    - ☐ 住まい
    - ☐ 運動

10. 本当の心の欲求と言えるものすべてに印をつけなさい。（3点）
    - ☐ ほめられること
    - ☐ セックス
    - ☐ はげましとごほうび
    - ☐ あなたが得意な健全な活動
    - ☐ お金

11. セックスは本当の体の欲求だ。（1点）
    - ☐ 正しい   ☐ 間違い

12. 間違った考えは「思考の誤り」とも呼ばれる。（1点）
    - ☐ 正しい   ☐ 間違い

得点

／16点   ☐ 合格   ☐ もっと勉強がひつようです

第9章
悪いタッチにつながる四つの間違った曲がり角を理解しよう　　　139

私の進度表の第9章のところにステッカーをはりましょう。あなたは、素晴らしい進歩をとげつつありますよ！

本当にたいへんな章だったけど、
君はよくついてきたね。
勇敢に振る舞い、
自分の過去を人と分かち合うことで、
君は新しい正しい地図を
手に入れつつあるんだよ！
さあ前進を続けよう！

幸せで健全な
生活はこの先

あんぜん
1

第10章

特別な安全ルールと良い境界線であなたとほかの人を安全に

　「特別な安全ルール」は悪いタッチをするのを止めてくれます。ルールというのは，カーブの多い高速道路につけられているガードレールのようなものです。あなたが道からそれてしまったり，自分自身やほかの人を傷つけたりしないように守ってくれます。ルールは，みんなが子どもの刑務所に入らないですむように守ってくれているのです！

　もしあなたが年下の子どもといっしょに生活しているなら，ルールはとくに重要です。もしあなたが年下の子どもといっしょに生活しているなら，あなたはいつでも守らなければいけない，特別な安全ルールを作る必要があるでしょう。

　7歳のジュンには，タッチの問題があります。治療を始める前，ジュンはふたりの弟の大切な場所をさわっていました。カウンセラーの先生に助けてもらいながら，ジュンは，悪いタッチをしないようにするための特別な安全ルールを作りました。このルールのおかげで，ジュンの弟たちの安全が守られています。

第 10 章
特別な安全ルールと良い境界線であなたとほかの人を安全に

以下は，ジュンが性的タッチをしないようにするための特別な安全ルールです。

〈トラブルを避けるためのジュンの特別な安全ルール〉
 1．弟たちにこっそり近づかない。
 2．大人がまわりにいないときは，絶対に弟たちと自分だけにならない。
 3．たたかない，さわらない，つかまない。
 4．弟たちと取っ組み合いをしない。
 5．どんな理由があっても弟たちの寝室に行かない。
 6．弟たちとままごと遊びをしない。
 7．弟たちと性的なことを話さない。
 8．だれかが入っているときに，トイレに入らない。
 9．弟たちをくすぐらない。
10．トイレに入ったら，ドアを閉める。

私はこのルールをいつも守ることをちかいます。

ジュン　　2008 年 7 月 1 日

見ていてくれてありがとう，ママ。これで私は弟たちと遊べるわ。

課題 10 A

　では，あなたが悪いタッチをしないようにするために，あなた自身の特別な安全ルールのリストを作りましょう。

1. _____.

2. _____

3. _____

4. _____

5. _____.

6. _____

7. _____

8. _____

ルールはぼくたちの安全を守ってくれるよ。ルールは楽しい冒険へと続く正しい道からはずれないように助けてくれるよ。

第 10 章
特別な安全ルールと良い境界線であなたとほかの人を安全に

課題 10 B

　ではあなたのカウンセラーの先生，両親，里親，施設の先生などにあなたの特別な安全ルールについてほかの考えを聞きましょう。少なくとも違うふたりの大人と話しましょう。課題 10 A のあなたの特別な安全ルールのリストを見せましょう。そしてあなたのリストについて，大人がしてくれたコメントと，その人たちが考えてくれたほかのルールを書きとめましょう。それぞれの大人と話したあとは，あなたを手伝ってくれたことに感謝しましょう！

　大人 1：名前：＿＿＿＿＿＿＿＿＿＿＿＿＿＿＿＿＿＿＿＿＿＿＿＿＿＿

この人はあなたの特別な安全ルールのリストについてどう思ったでしょうか。どんなコメントをしてくれましたか。

＿＿＿＿＿＿＿＿＿＿＿＿＿＿＿＿＿＿＿＿＿＿＿＿＿＿＿＿＿＿＿＿＿＿＿＿

＿＿＿＿＿＿＿＿＿＿＿＿＿＿＿＿＿＿＿＿＿＿＿＿＿＿＿＿＿＿＿＿＿＿＿＿

＿＿＿＿＿＿＿＿＿＿＿＿＿＿＿＿＿＿＿＿＿＿＿＿＿＿＿＿＿＿＿＿＿＿＿＿

＿＿＿＿＿＿＿＿＿＿＿＿＿＿＿＿＿＿＿＿＿＿＿＿＿＿＿＿＿＿＿＿＿＿＿＿

この人は，どんなほかの特別な安全ルールを提案してくれましたか。

＿＿＿＿＿＿＿＿＿＿＿＿＿＿＿＿＿＿＿＿＿＿＿＿＿＿＿＿＿＿＿＿＿＿＿＿

＿＿＿＿＿＿＿＿＿＿＿＿＿＿＿＿＿＿＿＿＿＿＿＿＿＿＿＿＿＿＿＿＿＿＿＿

＿＿＿＿＿＿＿＿＿＿＿＿＿＿＿＿＿＿＿＿＿＿＿＿＿＿＿＿＿＿＿＿＿＿＿＿

＿＿＿＿＿＿＿＿＿＿＿＿＿＿＿＿＿＿＿＿＿＿＿＿＿＿＿＿＿＿＿＿＿＿＿＿

大人2：名前：＿＿＿＿＿＿＿＿＿＿＿＿＿＿＿＿＿＿＿＿＿＿＿＿＿＿＿＿＿＿

この人はあなたの特別な安全ルールのリストについてどう思ったでしょうか。どんなコメントをしてくれましたか。

＿＿＿＿＿＿＿＿＿＿＿＿＿＿＿＿＿＿＿＿＿＿＿＿＿＿＿＿＿＿＿＿＿＿＿＿

＿＿＿＿＿＿＿＿＿＿＿＿＿＿＿＿＿＿＿＿＿＿＿＿＿＿＿＿＿＿＿＿＿＿＿＿

＿＿＿＿＿＿＿＿＿＿＿＿＿＿＿＿＿＿＿＿＿＿＿＿＿＿＿＿＿＿＿＿＿＿＿＿

この人は，どんなほかの特別な安全ルールを提案してくれましたか。

＿＿＿＿＿＿＿＿＿＿＿＿＿＿＿＿＿＿＿＿＿＿＿＿＿＿＿＿＿＿＿＿＿＿＿＿

＿＿＿＿＿＿＿＿＿＿＿＿＿＿＿＿＿＿＿＿＿＿＿＿＿＿＿＿＿＿＿＿＿＿＿＿

＿＿＿＿＿＿＿＿＿＿＿＿＿＿＿＿＿＿＿＿＿＿＿＿＿＿＿＿＿＿＿＿＿＿＿＿

よくできました。
性暴力防止安全チームのメンバーになるために君の特別な安全ルールを守ろう。

あんぜん 1

課題10Ｃ

　では，つぎのページの用紙を使って，あなたの特別な安全ルールのリストを完成させましょう。こうしたルールはあなたやほかの人たちの安全を守るものですが，あなたは，いつも，このルールを守る必要があります。あなたとカウンセラーの先生でリストをつくった後，ふたりで必ず署名をしてください。そしてあなたにとって重要な大人の人たちにも，署名をお願いしましょう。このリストは，あなたが第16章で作ることになる，「安全計画ブック」のいちばん大切な中身のひとつになるでしょう！

私の特別な安全ルール

名前：＿＿＿＿＿＿＿＿＿＿＿＿＿＿＿　日にち：＿＿＿＿＿＿＿＿＿＿

　これは私自身やほかの人の安全に役立つように，私が作った特別な安全ルールです。私はこのルールをすべて守ります。またこの用紙に署名してくれた人たちはみな，私がこのルールを守れるように応援してくれます。

1. ＿＿＿＿＿＿＿＿＿＿＿＿＿＿＿＿＿＿＿＿＿＿＿＿＿＿＿＿＿＿＿＿
2. ＿＿＿＿＿＿＿＿＿＿＿＿＿＿＿＿＿＿＿＿＿＿＿＿＿＿＿＿＿＿＿＿
3. ＿＿＿＿＿＿＿＿＿＿＿＿＿＿＿＿＿＿＿＿＿＿＿＿＿＿＿＿＿＿＿＿
4. ＿＿＿＿＿＿＿＿＿＿＿＿＿＿＿＿＿＿＿＿＿＿＿＿＿＿＿＿＿＿＿＿
5. ＿＿＿＿＿＿＿＿＿＿＿＿＿＿＿＿＿＿＿＿＿＿＿＿＿＿＿＿＿＿＿＿
6. ＿＿＿＿＿＿＿＿＿＿＿＿＿＿＿＿＿＿＿＿＿＿＿＿＿＿＿＿＿＿＿＿
7. ＿＿＿＿＿＿＿＿＿＿＿＿＿＿＿＿＿＿＿＿＿＿＿＿＿＿＿＿＿＿＿＿
8. ＿＿＿＿＿＿＿＿＿＿＿＿＿＿＿＿＿＿＿＿＿＿＿＿＿＿＿＿＿＿＿＿

私は以上のルールをいつも守ります。

署名＿＿＿＿＿＿＿＿＿＿＿＿＿＿＿　日にち：＿＿＿＿＿＿＿＿＿＿

私たちは＿＿＿＿＿＿＿が，いつもこれらのルールを守れるように支援します。

＿＿＿＿＿＿＿＿＿＿＿日付：＿＿＿＿　＿＿＿＿＿＿＿＿＿＿＿日付：＿＿＿＿
＿＿＿＿＿＿＿＿＿＿＿日付：＿＿＿＿　＿＿＿＿＿＿＿＿＿＿＿日付：＿＿＿＿
＿＿＿＿＿＿＿＿＿＿＿日付：＿＿＿＿　＿＿＿＿＿＿＿＿＿＿＿日付：＿＿＿＿
＿＿＿＿＿＿＿＿＿＿＿日付：＿＿＿＿　＿＿＿＿＿＿＿＿＿＿＿日付：＿＿＿＿

第10章
特別な安全ルールと良い境界線であなたとほかの人を安全に

あなたの「特別な安全ルール」は悪いタッチをしないために大切ですが、「境界線のルール」は人と仲良くなったり、うまくやっていったりするために大切なものです。境界線にはたくさんの種類がありますが、この本では、どんなふうに境界線に注意をはらうのか、また、あなたがどこにいるときも、だれといっしょにいるときも境界線を大切にするということを学びます。

境界線はその人が自分だけのものにしておきたいもののまわりに作るフェンスのようなものです。ちょうどその人自身がその人だけのものであるのと同じです。境界線はまた、特別なあつかいを受けたいと思っているもののまわりに作るフェンスのようなものでもあります。あなたは、自分のiPodやCDプレーヤー、服、この本や部屋のような、「もの」や「場所」のまわりに境界線を引くことができます。また、ほかの人がどんなふうにあなたにふれるか、どのくらいあなたの近くに寄れるかについて、あなたは自分の体のまわりに境界線を引くことができます。そして、あなたは自分の感情や過去の経験にも境界線を引くことができます。良い気分がしなくなるので、お父さんやお母さんのこと、子どものころのことについて話したくない人だっています。その人たちは自分の家族について話すことのまわりに、境界線を引いているのです。

境界線とは、「これは私のものです。どうかそのことを大切にしてください」ということです。だからこそ、あなたの友達は、勝手にあなたのゲーム機やiPodを持ち去ることはできないし、盗みをした人は刑務所に行くことになるのです。境界線があるおかげで、私たちは、ほかの人といっしょにいても、安心していられるのです。

以下は，トモコの境界線の例です：

1. 私の顔にさわって欲しくないです。
2. 私の服を勝手に着て欲しくないです。
3. 私の近くにあまり近づいて欲しくないです……落ち着かなくなるんです。
4. 私のお母さんのことを話して欲しくないです。

私たちはみな，自分の境界線が何かということをほかの人に話す権利をもっています。とくに自分の体や気持ちを安全にしておくことに関係があるときは，自分の境界線について話すべきです。

課題 10 D

下の空欄にあなたの境界線を書きましょう。自分でどんどん作ってみてね。あなたが考えつくどんな境界線も全部リストにあげていいよ。

1. _____

2. _____

3. _____

4. _____

5. _____

第10章
特別な安全ルールと良い境界線であなたとほかの人を安全に　　　　149

　境界線のなかには，ほかの人たちと，どうつきあうかについてのルールにとてもよく似ているものもあります。人前で鼻をほじらないことを学んだときのこと，覚えてますか。あれは，社会的な振る舞いのルールであり，境界線なのです。あなたは小さいころ，家にあがるときは，靴を脱がなきゃだめよと言われたことがあるでしょう。それは一般的な家庭のルールであり，境界線でもあるのです。家のなかをきれいなままにしておくために，そういうルールをつくるのです。

　境界線のルールは，とてもわかりにくいことがあります。なぜなら，たいていの場合，はっきりと口に出して言われることがないからです。あなたがそのルールを当然知っているものと思われていて，いちいち言われなくても，ある方法で振る舞うことが期待されているのです。でも，もしだれも一度もあなたに，境界線のことを教えてくれたことがなかったとしたらどうなるのでしょうか。

　11歳のタケオは，性非行のために治療を始めたとき，境界線を知りませんでした。彼はどのように人に話し，どのように人と関わればいいのかを知らなかったのです。彼は話すときに自分の顔を隠したり，自分のお尻が見えるように足をけり上げたりしていました。タケオは，今は境界線のルールを学んだので，施設や学校で前よりうまくやっていけるようになりました。

タケオの話

　ぼくはいつも人にさわる前に，いいかどうか聞かないといけません。カウンセリングを始める前まで，ぼくは，人に近づいていって，いきなり抱きついていました。ときどき座ったり立ったりして人にさわっていました。いまは「個人の空間」のことを知っています。境界線とは人のまわりにあって，その人をつつむ，しゃぼんの泡のようなものです。いま，ぼくは「2歩ルール」を守っています。もっと近づいていいという許可がない限り，ほかの人から2歩離れているように努力します。

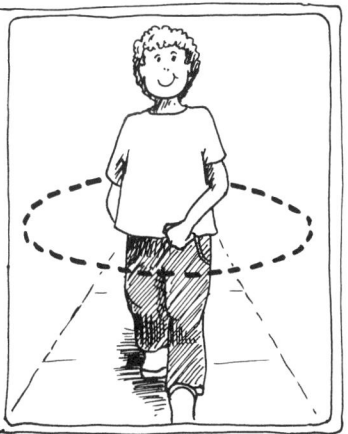

境界線を理解することで，タケオはトラブルを起こさずにすんでいます。そのうえ，ほかの子どもや大人とうまくやっていけるようになって，タケオはとても幸せです。

　境界線のおかげで，家族や友達と，また学校，チーム，近所といったすべてのグループのなかでいっしょに暮らしていくことができます。健全な人は，ほかの人の境界線を大事にするために，一生懸命努力します。

課題 10 E

　では，カウンセラーの先生に，カウンセリングを受けている部屋の境界線が何かをたずねてみましょう。何をさわってよいのか，何をさわったらいけないのかを見つけましょう。さわってはいけないものを，下の欄に書き出しましょう。

1. _____

2. _____

3. _____

4. _____

5. _____

6. _____

課題 10 F

　つぎの週のいつか、あなたが信頼する大人の人（お母さんやお父さん、里親、施設の先生など）に、その人の家での境界線をたずねましょう。あなたは境界線とは何か、説明しないといけないかもしれません。話をした人が何と言ったかを、つぎの欄に書き出しましょう。

　あなたが話をした人はだれですか。

_____

　その人の家での境界線は何ですか。

1._____

2._____

3._____

4._____

5._____

課題 10 G

毎日の境界線練習用紙

毎日境界線に注意する練習をしましょう。カウンセラーの先生が，この課題をどのくらいの期間するのか決めてくれるでしょう。
練習すれば，完璧になりますよ！

日にち：＿＿＿＿＿＿＿＿＿＿＿＿＿＿＿＿

あなたが今日，ほかの人の境界線を大事にできたなと思うことをひとつ書きましょう。

_____

_____

_____

あなたが今日，だれかの境界線を大事にできなかったなと思うことをひとつ書きましょう。

_____

_____

_____

第10章
特別な安全ルールと良い境界線であなたとほかの人を安全に

　特別な安全ルールをつくって守ることは，あなたの治療の重要なところです。この章では，あなたとほかの人の安全を守るための，あなた自身のルールのリストを作りました。さあ，そのルールに従って，うまくやっていくのは，あなたの役割ですよ！

　あなたの特別な安全ルールのほかに，この章では，境界線について学びました。私たちはだれしも境界線をもっています。自分のもののまわりに，自分の家や部屋や仕事場のまわりに，自分の体のまわりに，そして自分の気持ちのまわりに境界線をもっているのです。私たちはみな，自分の境界線が何なのかをほかの人に話す権利をもっていますし，私たちはみな，ほかの人たちの境界線を大切にする責任ももっているのです。境界線を大切にするということは，境界線の内側にあるあらゆることから距離をとり，ほかの人を困らせるようなあらゆることをしないようにすることです。

　ほかの人の境界線を大切にしていれば，あなたは子どもの刑務所に入らずにすみ，もっとすてきな良い人になれます。境界線を大切にしていれば，あなたには，もっとたくさん友達ができるでしょう！

> ぼくのエンジンにはさわらないで。これはぼくの境界線だよ！

どのくらいがんばったか，チェックしましょう

ロードテスト 10

特別な安全ルールと良い境界線であなたとほかの人を安全に

（本を見てもいいです）

名前：＿＿＿＿＿＿＿＿＿＿＿＿＿＿＿

日にち：＿＿＿＿年＿＿＿月＿＿＿日＿＿＿曜日

満点は 15 点です。合格は 13 点以上です。

1. 境界線とは何ですか。（2 点）

＿＿＿

＿＿＿

＿＿＿

2. 悪いタッチをしないようにするための，あなたの特別な安全ルールを三つあげなさい。（3 点）

1)＿＿＿

2)＿＿＿

3)＿＿＿

3．なぜほかの人の境界線を大切にする必要があるのですか。（2点）

_____
_____
_____
_____
_____
_____

4．あなたの家（あるいは里親家庭や施設）の境界線を三つあげなさい。
（3点）

1) _____

2) _____

3) _____

5．あなたがカウンセリングを受けている部屋の境界線を三つあげなさい。
（3点）

1) _____

2) _____

3) _____

6．あなたの境界線（ほかの人にさわられたり，そのことを話題にされたり していやなこと）をふたつあげなさい。（2点）

1)_____

2)_____

得点

/15点　　□ 合格　　　□ もっと勉強がひつようです

よくがんばりましたね。大事なことを学びましたよ！
私の進度表の第10章のところにステッカーをはりましょう。

君はちょうどいいスピードで走ってるね！

幸せで健全な生活はこの先

あんぜん 1

第11章
人にされたタッチについて話すこと

　この本で，あなたは，悪い性的タッチを管理することを学んでいます。悪い性的タッチをどこで学んだかを思い出してみることは，それを管理するためのひとつの方法です。悪い性的なタッチをどこで学んだかがいったん分かれば，やめるのはずっと簡単になるでしょう。

　あなたは子どもなので，大人よりも，何かをするのを「やめる」ことを学ぶのは，簡単なはずです。あなたはいつだって学んでいますし，新しいことを学ぶのに遅すぎることは決してありません。

　少し時間をとって，カオルがカウンセリング・グループの友達にあてて書いた手紙を読んでみましょう。過去のいやな経験についてみんなに話す順番がきたときに，カオル自身が書いた手紙です。あなたも知っているように，過去の，あるいは最近起こったいやな経験について書いたり，話したりすることは，とてもつらいはずです。カオルは勇気をふりしぼって，この手紙を書きました。

　　親愛なる友達へ

　私は自分の身に起きたことについて，みなさんに話すために，手紙を書こうと思いました。私が4歳のときに，義理のお父さんが私の大切な場所をさわりはじめました。お父さんは，自分のペニスを私にこすらせたり，なめさせたりもしました。最初は，私はそうすることが本当に好きだったし，そんなふうにお父さんにさわられると本当に気持ちが良いと思いました。お父さんが私のことをかわいがってくれていると思っていたし，お父さんは，その

気持ちを，そんなふうにして示してくれているんだと思っていたからです。お父さんは，いつも，私に特別に気持ちを向けてくれていたし，ときどき特別扱いをしてくれていました。だれかに言いつけて，お父さんが私を愛してくれなくなるのがいやだったんです。お父さんは，これはふたりの秘密で，私はお父さんにとって，いつだって特別の存在なんだと言いました。

私はいま，9歳。そして，こんなことが，こんなにも長く続いたのは私のせいだと思います。私は，だれにもこのことを言いたいと思ったことがありません。なぜなら，お父さんが私をかわいがってくれなくなるかもしれないと思うと怖かったからです。私には，こんなことをやめるためにできたことが何かきっとあったはずです。私はあれこれたくさんのことを考え続けてきました。お母さんにばれたら，きっと私にひどく腹を立てるだろうとか，だれも私の言うことなんか信用しないだろうとか。こんなことが自分に起こるままにしていて，たいへんなことになったら，いったいどうすればいいの？　だれかに言うべきなの？　だとすれば，だれに？

大人に言っても，信じてくれなかったら，いったいどうすればいいの？　ときどき，お母さんが知っているのかしらと思います。だって，それをやめるために何にもしてくれないからです。たぶん，お母さんは，私にすごく腹を立てていて，もう私のことを愛していないのです。だれかに話をするのは，本当にどうしていいかわからないくらい恥ずかしいのです。だって，みんなはきっと私を笑い者にするでしょうから。だれもこんなこと，理解しようとしないでしょう。私の知っている人で，こんなことを経験しなければならなかった人はだれもいないに違いありません。私は恥ずかしいし，自分のことを汚く感じます。だって，私は，お父さんにそうされるのが好きだったり，お父さんに好かれたいと思ったりしたからです。

私は，お父さんにもトラブルに巻き込まれて欲しくありません。そして，

第11章
人にされたタッチについて話すこと

もしお父さんのことを言いつけて、お父さんがもう私を愛してくれなくなったらと思うと、怖くてしかたありません。私はどうすればいいのでしょう？

カオル

　サバイバーのグループと呼ばれる、カウンセリング・グループの友達にあててこの手紙を書いた後、カオルはグループの友達のひとりから、つぎのような返事をもらいました。その返事のおかげで、カオルは、自分がひとりぼっちではないとわかり、被害者から、サバイバーへと変わっていくことができました。あなたは、第14章「サバイバーになろう」で、被害者やサバイバーについてもっと学ぶことになります。

　親愛なるカオルへ

　私を信じて、あなたの身に起ったことを話してくれてありがとう。大丈夫ですか。私はあなたの言ったことを信じます。それはあなたのせいではないと思います。
　あなたは、何が起きたかを、大人の人に話す必要があると思います。たぶん、カウンセラーの先生に言うべきでしょう。おじいちゃん、おばあちゃんにも言えるし、家族のだれかに言うこともできます。怖いとは思いますが、お母さんに言うこともできるのではないでしょうか。お母さんは、あなたを信じて、お父さんがあなたにしたことについては、お父さんに腹を立てるでしょう。お母さんに真剣に、正直に話をすれば、厄介なことにはならないと思います。もしお母さんがあなたの言うことを信用しなかったら、警察に訴えることができます。誰かがあなたを信じるまで、話してください。
　こんなことになったのは、あなたのせいではありません。あなたのお父さんは大人だし、責任があります。大人が子どもに性的なことをするのは正し

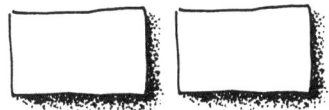

くありません。私はお父さんがカウンセリングを受けて、タッチの問題について支援を受ける必要があると思います。お父さんに、あなたがどう感じているか、伝えてください。そういうことをお父さんがするとき、そんなの好きじゃないと伝えてください。

　もしあなたのお父さんが家にまだいて、安全でないと感じるなら、ほかの親戚の人の所へ行って暮らすこともできるでしょう。それとも、放課後には、安全な私の家にくることもできるわ。決して、お父さんとふたりきりにはならないでね。

　こんなことがあなたの身に起きたのは、とても残念です。私にも同じようなことがあったし、あなたはひとりではありません。私はあなたの友達だし、決してあなたを笑ったりはしません。私はあなたを支えるし、できることはします。

　すべてが、うまくいくよう、祈っています。

　　　　　　　　　　　　　　　　　　　　心をこめて
　　　　　　　　　　　　　　　　　あなたの友達　ジュンコ

　カオルは自分に起きたことをわかってくれる友達をもてたことを、とてもうれしく思いました。この本では、バズビーがいて、ずっとあなたを案内してくれます。それに、カウンセラーの先生もいて、この本での学習をずっと助けてくれますよ。ほかにも信頼できる人がいるのでは？　たとえば、お父さん、お母さんや、里親、ケースワーカーの先生、施設の先生とか。今のところ、これからこの本であなたが書くことは、あなたとバズビー、そしてカウンセラーの先生との間だけのものです。もしあなたが望むなら、治療チームのほかのだれかに、あなたが書くことを共有してもらうこともできます。これは、あなたの治療における、大きなステップです。この章に取り組めるだけの勇気があることを、あなたは誇りに思うべきです。

> 悲しかったり、恐ろしかったりするかもしれないけど、自分の気持ちや記憶を表現することはとても役に立つよ！

第 11 章
人にされたタッチについて話すこと

課題 11 A

　あなたが性的なタッチについて，最初に学んだのはどこだったかを考えなさい。実際に，あるいはテレビ（ビデオや映画）で見たこと，あるいは，あなたの身に起きたことを思い出しなさい。過去について考えて，質問に答えましょう。もしそんな経験がなければ，空欄に，「なし」と書きなさい。

1. セックスについて最初にどうやって知ったのですか。
_____

2. 今までに，何人ぐらいの人がセックスをしたり，お互いに性的なことをしたりしているのを見たことがありますか（その人たちの名前をあげてください）。
_____

3. これまでに，あなたに対して，何か性的なことを話したり，見せたりした人すべての名前をあげてください。
_____

4. 裸の人やセックスしている人の写真をどれくらい見たことがあるか，説明してください。雑誌で見たのか，映画（ビデオ）で見たのか，テレビで見たのか，インターネットで見たのかどうかも，書いてください。
_____

5. あなたに性的なタッチをした最初の人はだれでしたか。
_____

6. それが起きたとき，あなたは何歳でしたか。_____歳

7. 相手の人は，何歳でしたか。　　　　＿＿＿＿＿＿歳

8. その人は，何をしましたか。

_____

9. それが起きたとき，あなたはどこで生活していましたか。

_____

10. 相手の人が，性的なタッチをあなたにしてきたとき，どんな気持ちでしたか。

_____

_____

11. あなたに性的なタッチをした，2番目の人はだれでしたか。

_____

12. それが起きたとき，あなたは何歳でしたか。　＿＿＿＿＿＿歳

13. 相手の人は，何歳でしたか。　　　　＿＿＿＿＿＿歳

14. その人は，何をしましたか。

_____

15. それが起きたとき，あなたはどこで生活していましたか。

_____

16. 2番目の人が，性的なタッチをあなたにしてきたとき，どんな気持ちでしたか。

_____

_____

17. ほかに，あなたの大切な場所をさわったり，あなたにその人の大切な場所をさわらせた人を全部あげてください。

_____

_____

_____

_____

課題 11 B

あなたの人生で，いちばん昔の思い出はなんですか。あなたが，とても小さかったころのことを考えましょう。覚えていることを書きましょう。

_____

_____

_____

_____

もしあなたが，自分のなかにとどめておく代わりに，自分の気持ちを話し始めるなら，そのことは，悪い性的タッチをやめる助けになるでしょう。

良い友達やあなたのことを気にかけている大人に自分の気持ちについて話すことは，とても健康的なことですし，あなたの生活の道路封鎖を解消するのに役立ちます。気持ちについて話すことを学ぶのは，この本の重要な要素です。あなたは，だれかがあなたに悪い性的タッチをしたときに感じた気持ちについて，話したいと思うかもしれません。あるいはまた，あなたが日々感じているほかの気持ちについても話したいかもしれません。

以下の人たちには，あなたが自分の気持ちについて話してみようと思うかもしれません：

　　あなたのお母さんやお父さん
　　カウンセラーの先生
　　施設の大人の人
　　里親
　　スクールカウンセラーや，学校で好きな先生
　　おばさんやおじさん，おじいちゃん，おばあちゃん
　　親友

あなたが自分の気持ちを話したくないと思うかもしれない人たちもいます：

　　あなたに悪いタッチをした人
　　あなたの許可なしにあなたが言ったことをほかの人に言う人
　　気持ちを話したことであなたをからかう人

> もし君が健全な生活をしたいなら，自分の気持ちについて話せるようにならないといけないよ

課題 11 C

自分の気持ちを話せる人のリストを作りなさい。

1.＿＿＿＿＿＿＿＿＿＿＿＿＿＿＿＿＿＿＿＿＿＿＿＿＿＿＿＿＿＿＿＿＿＿＿

2.＿＿＿＿＿＿＿＿＿＿＿＿＿＿＿＿＿＿＿＿＿＿＿＿＿＿＿＿＿＿＿＿＿＿＿

3.＿＿＿＿＿＿＿＿＿＿＿＿＿＿＿＿＿＿＿＿＿＿＿＿＿＿＿＿＿＿＿＿＿＿＿

4.＿＿＿＿＿＿＿＿＿＿＿＿＿＿＿＿＿＿＿＿＿＿＿＿＿＿＿＿＿＿＿＿＿＿＿

もしあなたが，年上か10代の人，あるいは大人といった，だれか年上の人からタッチされたなら，ほかの人に言いたくない気持ちが，心のなかで起きたかもしれません。年上の人に性的タッチをされたことのある，男の子や女の子は，たくさんのそれぞれ異なった気持ちを感じます。以下は，そうした気持ちのリストです。

怖い	腹が立つ
うんざりした	自分が悪いような気持ち
むなしい	性的な気持ち
困惑した	傷ついた気持ち
恥ずかしい	ひとりぼっち
無力な	

あなたに起きたことについて，絵を描くことが助けになる場合もあります。ことばよりも，絵のほうがうまく表現できる場合もあります。

課題11D

下の余白に，あなたに性的タッチをした人の絵を描きましょう。絵のなかの人，ひとりひとりについて，だれなのかを書き込むのを，カウンセラーの先生に手伝ってもらいましょう。もしそうしたいなら，別の紙に描いて，それを切りとって，のりやホッチキスでこのページにはってもいいですよ。あなたに性的タッチをした人がいなければ，別のやり方であなたを傷つけた人の絵を描きましょう。

第11章
人にされたタッチについて話すこと

　この章がとてもたいへんなことは明らかです。過去のことを思い出すことで，怒りの気持ちや悲しみの気持ち，そして性的な気持ちさえ引き起こすこともときにはあります。いいですか，気持ちをおさえるもっとも良い方法の一つは，たとえばあなたの治療チームのメンバーのような，だれかほかの人と気持ちについて話をすることです。運動することで，落ち着くこともできるでしょう。ちょっと昼寝をするだけでも，気分が良くなるものです。後の章で，いまあなたが人と分かち合ったばかりの情報を使って，課題をする予定です。子ども時代のいやな体験の被害者のままでいることから，サバイバーへと成長する方法を学ぶのです。この本は，サバイバーになるために，過去のすべての道路封鎖を解除する方法を教えてくれるでしょう。

ロードテスト 11

人にされたタッチについて話すこと

（本を見てもいいです）

名前：＿＿＿＿＿＿＿＿＿＿＿＿＿＿＿＿

日にち：＿＿＿＿年＿＿＿月＿＿＿日＿＿＿曜日

満点は6点です。合格は5点以上です。

1. もしあなたが自分の気持ちを心のなかにしまっておかずに，話し始めるなら，それは，悪いタッチをやめるのに役立つ。（1点）
   ☐ 正しい　　☐ 間違い

2. 年上の人から，性的なタッチをされたことのある男の子や女の子は，たくさんの，それぞれ異なった気持ちをもつ。（1点）
   ☐ 正しい　　☐ 間違い

3. 自分の気持ちについて話すべき人はだれですか。（1点）
   A.＿＿＿学校のいじめっ子
   B.＿＿＿だれかほかの人に話してしまうかもしれないけれど，だれでも
   C.＿＿＿ときどき，私にいじわるな人たち
   D.＿＿＿私のことを本当に心配している人たち

4. 何かをすることをやめるのを学ぶことは，大人よりも子どものほうが簡単だ。
   ☐ 正しい　　☐ 間違い

第 11 章
人にされたタッチについて話すこと　　169

5. ほかの人があなたにした悪いタッチについて，これまでにどれくらい話をしましたか。（1点）
   A.＿＿＿まったく話していない。
   B.＿＿＿少し話した。
   C.＿＿＿ほとんど話した。
   D.＿＿＿すべてをすっかり話した。

6. 過去のことを思い出すことは，いやな気持ちをかきたてるかもしれない。（1点）
   □ 正しい　　□ 間違い

得点
／6点　　□ 合格　　□ もっと勉強がひつようです

　素晴らしい!! よくがんばりましたね。私の進度表の第 11 章のところにシールをはりましょう。

過去のことを思い出すと，いやな気持ちになるかもしれない。でも，そんな気持ちをだれかと分かち合えば，気分が良くなるよ。だから前進あるのみ！ 道路封鎖はもうないよ！

幸せで健全な生活はこの先
あんぜん 1

第12章

自分のした悪いタッチについて本当のことを話す

　この章では，あなたは自分自身のタッチの問題について話すように求められます。これは簡単ではないかもしれません。悪いタッチについて話すことは，怖くて，恥ずかしくて，ただただ難しいことかもしれません。でも，あなたならできます！　そうすることで，あなたは正しい道に戻り，子どもの刑務所に入らずにすむはずです。

　第5章の「正しい考えと間違った考え」で，「否認」について学んだことを覚えていますか。否認について問題のある人はたくさんいます。この本では，あなたが人から責められたり，トラブルに巻き込まれたりすることについて，心配する必要はありません。この本では，悪いタッチの問題について話す人は，強くて勇敢な人だと認めているからです。

　自分の間違いを認めることは難しいかもしれません。だれかを傷つけるようなことをしてしまったとき，本当のことを言うのは難しいことです。ルールを破ったときに，本当のことを話すのは難しいのです。人は捕まったり，トラブルになることを避けたりするために，うそをついたり，つくり話をしたりするものです。この本では正しい考えをし続けて，間違った考え方をしないようにすることが重要です。間違ったところで曲がって，でこぼこ泥道に入ったあげくに，行き止まりや崖から転落するようなことにならないように舗装されたきれいな道を，気をつけながら進むのとちょうど同じような感じです。

　過去のあやまちを認めることで，あなたは，正しい道を進み続けるのです。そうすることによって，あなたは「否認」をやめて本当の進歩を遂げていくのです！

第12章
自分のした悪いタッチについて本当のことを話す

ユミは，みんなに聞いてもらいたい本当のことがあります。

> 私がしたタッチについて，すべてをカウンセラーの先生に話したとき，本当に怖かったの。
> でも話をしてみて，すっきりしたし，自分がひとりぼっちじゃないってわかったの。

ユミの話

　自分がしたことについて本当のことを話すということは，車を修理にもっていくのと似ています。もしあなたが，違う話をでっちあげたり，実際には何が起こったのかをきちんと話さなかったりすれば，修理工場では具合の悪いところを直せません。もし車が火を吹いてるのに，ブレーキの音がうるさいんだと言ったなら，火を吹くという問題は，おそらく直らないでしょう。

　この本では，過去の悪いタッチについて本当のことを言わなければなりません。そうすれば，あなたは適切な安全計画を作ることができ，将来再び悪いタッチをせずにすむでしょう。カウンセラーの先生や，お父さん，お母さん，あるいは里親は，あなたの話してくれたことをもとに，「安全計画ブック」を作るのを手伝ってくれるはずです。安全計画ブックについては，第16章で説明します。

課題 12 A

自分のした悪いタッチについて，本当のことを話したくない何らかの理由や気持ちが，おそらくあると思います。その理由や気持ちのうち，三つを書いてください。

1. _____

2. _____

3. _____

課題 12 B

では，あなたのタッチの問題について，本当のことを全部話す理由を，五つ書いてください。

1. _____

2. _____

3. _____

4. _____

5. _____

つぎに，あなたがこれまでに性的にタッチした人全員と，あなたがいままでにやった悪い性的行動の問題をすべてリストにあげましょう。こうしてリストを作ることで，秘密をなくすことができます。

性的タッチについて秘密にしておくことは良くないことです。秘密にしておく

のは，あふれたごみ箱のようなものです。ごみ箱が臭くなるだけではなく，そうした秘密をもらすまいと，ふたを閉めるのにたくさんのエネルギーも使うことになります。さあ，ごみ箱を開けて秘密を外に出すときがきました。本当のことを話すときです。悪いタッチについて秘密にしたままでは，悪いタッチをやめる助けにはなりません。秘密のままにしておくことは，ニセの道路標識のようなものです。それにだまされると，あなたは子どもの刑務所に一直線です！　あなたの秘密のごみ箱のふたを開けるときがきたのです。

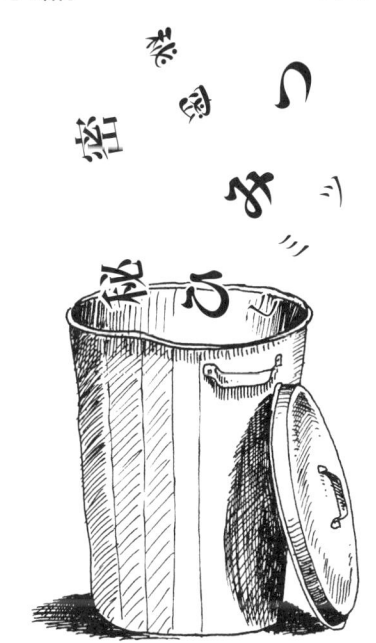

課題12C

以下のうち，あなたがいままでにした性的行動のすべてに印をつけましょう。とにかく正直に，あなたにあてはまるすべてに印をつけてください。

いいですか。いま，このことで，問題になっているのではありません。過去の問題を認めることは，未来に向けてより良い道を見つける役に立つのです！

- ☐ 学校やまわりに人がいるところで，大切な場所について話した。
- ☐ オンライン（インターネットのチャットや掲示板）でセックスや大切な場所について話した。
- ☐ インターネットで裸の人やセックスの画像を見た。
- ☐ セックスや大切な場所について落書きをした。
- ☐ 人の大切な場所や，人がセックスをしている絵を描いた。
- ☐ 動物の大切な場所をさわった。
- ☐ 動物とセックスしようとした。
- ☐ だれかの大切な場所をじろじろと見つめた。
- ☐ 人に，性的な悪口を言った。
- ☐ 手で性的なジェスチャーをした。
- ☐ だれかの下着を盗んだ。
- ☐ ほかの人に自分とセックスするように言った。

- ☐ ほかの人の大切な場所をさわったけど、偶然のふりをした。
- ☐ 断りもせずに、ほかの人の大切な場所をさわった。
- ☐ ほかの人のお尻や胸などの大切な場所をさわった。
- ☐ 服を着ないで歩き回った。
- ☐ 自分の大切な場所をほかの人に見せた。
- ☐ ほかの人のいる前で、自分の大切な場所をさわった。
- ☐ 自分の大切な場所を痛くなるくらいずっとさわった。
- ☐ 自分の大切な場所に物を入れた。
- ☐ 動物のぬいぐるみやそれに近い物とセックスするふりをした。
- ☐ ほかの人とセックスをした。

よくがんばりました！ 正直になって、自分の過去の行動を認めることで、あなたは、性虐待防止安全チームのメンバーになるための大きな一歩を踏み出しているのです！

さて、もしあなたがいままでにほかの人の大切な場所に、悪い性的タッチをしたことがあるなら、あなたがしたことを説明するときがきました。もしほかの人の大切な場所に、悪い性的タッチをしたことが全然ないか、あるいは、記入欄の数が実際にタッチをした人の数よりも多かった場合は、相手の人の名前を書くところに、「もういません」と書いてください。もしもっと記入欄が必要なら、カウンセラーの先生に言って、用紙のコピーをもらってください。

課題12 D

以下同じ用紙が五つ続きます。まずあなたが悪い性的タッチをした相手の人の名前を書いて、その後の質問に答えてください。もしあなたがタッチをした人よりも、記入欄が多ければ、あまった記入欄の、相手の人の名前を書くところに、「もういません」と書いてください。

第 12 章
自分のした悪いタッチについて本当のことを話す

相手の人の名前：＿＿＿＿＿＿＿＿＿＿＿＿＿＿＿＿＿＿＿＿＿＿＿＿＿＿＿＿＿＿

あなたがタッチをしたときのその人の年齢：＿＿＿＿＿＿＿＿＿＿＿＿＿＿＿＿＿＿

あなたがタッチをしたときのあなたの年齢：＿＿＿＿＿＿＿＿＿＿＿＿＿＿＿＿＿＿

どの大切な場所に悪い性的タッチをしましたか（あなたがタッチをしたところに丸をしましょう）。

　　　　　　　　　ペニス　　　　　　　　　　　　お尻（肛門）
　　　　　　　　　外陰　　　　　　　　　　　　　膣
　　　　　（女の子の外側の大切な場所）　　（女の子の内側の大切な場所）
　　　　　　　　　胸　　　　　　　　　　　　　　口

あなたは，何で性的タッチをしましたか（あなたがタッチをするのに使ったものに丸をしましょう）。

　　　　　　　　　手　　　　　　　　　　　　　　指
　　　　　　　　　口　　　　　　　　　　　　　　ペニス
　　　　　　　　　胸　　　　　　　　　　　　　　物（　　　　　　　）

この人に何回性的なタッチをしましたか。

＿＿＿＿＿＿＿＿＿＿＿＿＿＿＿＿＿＿＿＿＿＿＿＿＿＿＿＿＿＿＿＿＿＿＿＿＿＿

この人にタッチをしたとき，あなたはどこに住んでいましたか。

＿＿＿＿＿＿＿＿＿＿＿＿＿＿＿＿＿＿＿＿＿＿＿＿＿＿＿＿＿＿＿＿＿＿＿＿＿＿

相手の人の名前：＿＿＿＿＿＿＿＿＿＿＿＿＿＿＿＿＿＿＿＿＿＿＿＿＿＿

あなたがタッチをしたときのその人の年齢：＿＿＿＿＿＿＿＿＿＿＿＿＿＿＿＿

あなたがタッチをしたときのあなたの年齢：＿＿＿＿＿＿＿＿＿＿＿＿＿＿＿＿

どの大切な場所に悪い性的タッチをしましたか（あなたがタッチをしたところに丸をしましょう）。

ペニス　　　　　　　　　　お尻（肛門）
外陰　　　　　　　　　　　膣
（女の子の外側の大切な場所）　　（女の子の内側の大切な場所）
胸　　　　　　　　　　　　口

あなたは，何で性的タッチをしましたか（あなたがタッチをするのに使ったものに丸をしましょう）。

手　　　　　　　　　　　　指
口　　　　　　　　　　　　ペニス
胸　　　　　　　　　　　　物（　　　　　　）

この人に何回性的なタッチをしましたか。

＿＿＿＿＿＿＿＿＿＿＿＿＿＿＿＿＿＿＿＿＿＿＿＿＿＿＿＿＿＿＿＿＿＿＿＿

この人にタッチをしたとき，あなたはどこに住んでいましたか。

＿＿＿＿＿＿＿＿＿＿＿＿＿＿＿＿＿＿＿＿＿＿＿＿＿＿＿＿＿＿＿＿＿＿＿＿

第12章
自分のした悪いタッチについて本当のことを話す

相手の人の名前：＿＿＿＿＿＿＿＿＿＿＿＿＿＿＿＿＿＿＿＿＿＿＿＿＿＿＿＿＿＿

あなたがタッチをしたときのその人の年齢：＿＿＿＿＿＿＿＿＿＿＿＿＿＿＿＿＿

あなたがタッチをしたときのあなたの年齢：＿＿＿＿＿＿＿＿＿＿＿＿＿＿＿＿＿

　どの大切な場所に悪い性的タッチをしましたか（あなたがタッチをしたところに丸をしましょう）。

ペニス	お尻（肛門）
外陰	膣
（女の子の外側の大切な場所）	（女の子の内側の大切な場所）
胸	口

　あなたは，何で性的タッチをしましたか（あなたがタッチをするのに使ったものに丸をしましょう）。

手	指
口	ペニス
胸	物（　　　　　　　）

この人に何回性的なタッチをしましたか。

＿＿＿＿＿＿＿＿＿＿＿＿＿＿＿＿＿＿＿＿＿＿＿＿＿＿＿＿＿＿＿＿＿＿＿＿＿＿

この人にタッチをしたとき，あなたはどこに住んでいましたか。

＿＿＿＿＿＿＿＿＿＿＿＿＿＿＿＿＿＿＿＿＿＿＿＿＿＿＿＿＿＿＿＿＿＿＿＿＿＿

相手の人の名前：＿＿＿＿＿＿＿＿＿＿＿＿＿＿＿＿＿＿＿＿＿＿＿＿＿＿＿＿＿

あなたがタッチをしたときのその人の年齢：＿＿＿＿＿＿＿＿＿＿＿＿＿＿＿＿

あなたがタッチをしたときのあなたの年齢：＿＿＿＿＿＿＿＿＿＿＿＿＿＿＿＿

　どの大切な場所に悪い性的タッチをしましたか（あなたがタッチをしたところに丸をしましょう）。

      ペニス   お尻（肛門）
      外陰   膣
  （女の子の外側の大切な場所） （女の子の内側の大切な場所）
      胸   口

　あなたは，何で性的タッチをしましたか（あなたがタッチをするのに使ったものに丸をしましょう）。

      手   指
      口   ペニス
      胸   物（　　　　　　）

この人に何回性的なタッチをしましたか。

＿＿＿＿＿＿＿＿＿＿＿＿＿＿＿＿＿＿＿＿＿＿＿＿＿＿＿＿＿＿＿＿＿＿＿＿＿

この人にタッチをしたとき，あなたはどこに住んでいましたか。

＿＿＿＿＿＿＿＿＿＿＿＿＿＿＿＿＿＿＿＿＿＿＿＿＿＿＿＿＿＿＿＿＿＿＿＿＿

第12章
自分のした悪いタッチについて本当のことを話す

相手の人の名前：＿＿＿＿＿＿＿＿＿＿＿＿＿＿＿＿＿＿＿＿＿＿＿＿＿

あなたがタッチをしたときのその人の年齢：＿＿＿＿＿＿＿＿＿＿＿＿＿＿＿

あなたがタッチをしたときのあなたの年齢：＿＿＿＿＿＿＿＿＿＿＿＿＿＿＿

どの大切な場所に悪い性的タッチをしましたか（あなたがタッチをしたところに丸をしましょう）。

　　　　　　　　ペニス　　　　　　　　　　　お尻（肛門）
　　　　　　　　外陰　　　　　　　　　　　　膣
　　　（女の子の外側の大切な場所）　　（女の子の内側の大切な場所）
　　　　　　　　胸　　　　　　　　　　　　　口

あなたは，何で性的タッチをしましたか（あなたがタッチをするのに使ったものに丸をしましょう）。

　　　　　　　　手　　　　　　　　　　　　　指
　　　　　　　　口　　　　　　　　　　　　　ペニス
　　　　　　　　胸　　　　　　　　　　　　　物（　　　　　　　）

この人に何回性的なタッチをしましたか。

＿＿＿＿＿＿＿＿＿＿＿＿＿＿＿＿＿＿＿＿＿＿＿＿＿＿＿＿＿＿＿＿＿＿＿

この人にタッチをしたとき，あなたはどこに住んでいましたか。

＿＿＿＿＿＿＿＿＿＿＿＿＿＿＿＿＿＿＿＿＿＿＿＿＿＿＿＿＿＿＿＿＿＿＿

よくがんばりました！ 自分の性的タッチの問題についてすべて本当のことを認めて話すことは，あなたの治療における，大きな進歩です。もし，この課題に正直になれたのなら，あなたは自分に自信がもてるはずです。

> 正直になるには勇気が必要だったね！君はすごいガンバリ屋だよ。この調子ですすんでね！

どのくらいがんばったか，チェックしましょう

ロードテスト 12

自分のした悪いタッチについて本当のことを話す

（本を見てもいいです）

名前：＿＿＿＿＿＿＿＿＿＿＿＿＿＿＿＿

日にち：＿＿＿年＿＿＿月＿＿＿日＿＿＿曜日

満点は7点です。合格は6点以上です。

1. 悪いタッチについて話すことはいつも簡単。（1点）
   □ 正しい　　□ 間違い

第12章
自分のした悪いタッチについて本当のことを話す

2. 悪いタッチの問題について話すには，強さと勇気がいる。（1点）
   □ 正しい　　□ 間違い

3. 人が，自分の悪いタッチの問題について話したがらない理由を一つあげてください。（1点）

   1)_____

4. 自分の悪いタッチの問題について，すっかり本当のことを話さないといけない理由を二つあげなさい。（2点）

   1)_____

   2)_____

5. 悪いタッチを秘密にしておけば，悪いタッチをしないようになる。（1点）
   □ 正しい　　□ 間違い

6. あなた自身の性的タッチの問題について，本当のことを全部認めて話すと，_____（1点）
   A._____あなたは，治療を終了したことになる。
   B._____あなたは，悪い人ということになる。
   C._____あなたは治療上，大きな進歩をしたことになる。
   D._____あなたは問題に巻き込まれて刑務所に行くことになる。

   得点

   ／7点　　□ 合格　　□ もっと勉強がひつようです

私の進度表の第 12 章のところにシールをはりましょう。

第13章

どんなに人を傷つけたかを理解して悪いタッチを謝る

　さあつぎは，あなたのやったことがどんなに人を傷つけたかを考えてみましょう。すでにやってしまったことは今さら変えようもありませんが，過去の間違いについてきちんと謝ると，性暴力防止安全チームのメンバーに大きく一歩近づくことになります。きちんと謝れば，過去の問題について少しはましな気分になるでしょうし，まわりの人もまた，あなたのことを見直してくれるでしょう。きちんと謝ることで，あなたがどれほどしっかりと学び，自分を変えることができたかを示すことができます。自分のしたことに対する責任を受け入れ，もうだれも，そんなふうにして傷つけたくないと思っていることを人に示すことができるのです。こうしたことを記した手紙を，「説明の手紙」とか「謝罪の手紙」と言います。

　以下に示したものは，9歳のカオリが6歳の弟ケンタに書いた手紙です。カオリは，カウンセリングを4カ月受けた後に，この手紙を書きました。

1月23日
弟ケンタへ
　ケンタの大切な場所を傷つけて，本当にごめんなさい。私はいま，治療教育を受けています。もう二度とそんなことはしません。私は手で10回くらい，ケンタの大切な場所をさわってケンタの心を傷つけたことを覚えています。4回ケンタのペニスにさわって，私の大切な場所に入れさせました。ケンタが，ときどき，私の側にいるのを怖がっていたのはなぜだかわかっています。私がケンタにしたことはすごく悪いことです。私はいまカウンセリングを受けていますし，もう二度と弟のあなたを傷つけません。
　ケンタを怖がらせたくないから，学校でも追いかけたりしません。これか

らもずっと治療教育のルールを全部守っていきます。

あなたの姉
カオリより

あなたの手紙には，以下の点がすべて入っていなければなりません。

1. 今日の日にち。
2. 相手の正しい名前を使って挨拶する（「〜へ」や「こんにちは」のような）。
3. 悪いタッチに対する謝罪（「ごめんなさい」と言うこと）。
4. あなたが相手にしたことを正確に書きなさい。どのようにして相手にさわったかを書きなさい。何回したかを言いなさい。
5. 悪いタッチをしていないとうそをついたり，それをほかの人のせいにしたりしたのなら，それを認めなさい。
6. 悪いタッチはあなたの間違いで，被害者の間違いではないと書きなさい。
7. 悪いタッチをやめるために，あなたが何をしているかを言いなさい。
8. 悪いタッチをしたことを，もう一度謝りなさい。
9. もう二度と人を傷つけたり，さわったりしないと約束しなさい（ただしあなたが本当にそう思っていて，約束を守るつもりならの話です）。
10. あなたの名前を書きなさい。

第13章
どんなに人を傷つけたかを理解して悪いタッチを謝る

課題 13 A

　手紙に書かないといけない事柄のリストを見てください。もう一度，カオリの手紙を読んでください。カオリの手紙でリストにあがっている項目が記されているところに，それぞれの番号を書きなさい。たとえば，カオリの手紙の日にちの横には番号「1」を書きましょう。

　カオリの手紙にはリストにあがっている項目がすべて含まれていますか。
　カオリは何かを書き忘れていないでしょうか。
　カオリの手紙には書かれていなかったリストの項目の番号を書いてください。

課題 13 B

　さて今度は、悪いタッチをしてしまった相手の人への手紙をあなたが書く番です。カオリよりも上手にできるでしょう。いいですか、本当のことだけを、あなたが本当に思ったことだけを書きなさい。もしあなたが、間違った方法で相手に実際にさわったのでなければ、何らかの方法で傷つけたり、困らせたりしたことのある人のことを書いてもかまいません。

　最初の手紙はこのページに書き始めてください。書くべきことを忘れないようにするために、手紙に入れなくてはいけない項目に番号をふりなさい。ぐちゃぐちゃになってもかまいません！　カウンセラーの先生が清書するために別の紙をくれますからね。

　日にち：＿＿＿＿＿＿＿＿＿＿＿＿＿＿＿＿＿＿＿＿＿＿＿＿＿＿＿

＿＿＿＿＿＿＿＿＿＿＿＿＿＿＿＿ さんへ

＿＿＿＿＿＿＿＿＿＿＿＿＿＿＿＿＿＿＿＿＿＿＿＿＿＿＿＿＿＿＿＿＿＿

＿＿＿＿＿＿＿＿＿＿＿＿＿＿＿＿＿＿＿＿＿＿＿＿＿＿＿＿＿＿＿＿＿＿

＿＿＿＿＿＿＿＿＿＿＿＿＿＿＿＿＿＿＿＿＿＿＿＿＿＿＿＿＿＿＿＿＿＿

＿＿＿＿＿＿＿＿＿＿＿＿＿＿＿＿＿＿＿＿＿＿＿＿＿＿＿＿＿＿＿＿＿＿

＿＿＿＿＿＿＿＿＿＿＿＿＿＿＿＿＿＿＿＿＿＿＿＿＿＿＿＿＿＿＿＿＿＿

＿＿＿＿＿＿＿＿＿＿＿＿＿＿＿＿＿＿＿＿＿＿＿＿＿＿＿＿＿＿＿＿＿＿

＿＿＿＿＿＿＿＿＿＿＿＿＿＿＿＿＿＿＿＿＿＿＿＿＿＿＿＿＿＿＿＿＿＿

第13章
どんなに人を傷つけたかを理解して悪いタッチを謝る

_____

_____

_____

_____

_____

_____

_____

_____ より

たいへんよくがんばりました！　謝罪の手紙を書くところは，治療教育のなかでもとてもたいへんなところです。カウンセラーの先生が送ったほうが良いと思えば，書いた手紙を送ることになるかもしれません。直接会って謝るために，被害者や被害者のカウンセラーに会うことになるかもしれません。直接相手に謝ることは勇気と強さを必要としますが，それができれば，みんな良い気分になります。悪いあるいは間違った行動を謝ることは良いことですし，それが癒しと回復のプロセスの始まりなのです。

性暴力防止安全チームの一員になることに向けて，大きな一歩を踏み出したね！君のことを誇りに思うよ！

ロードテスト 13

どんなに人を傷つけたかを理解して悪いタッチを謝る

（本を見てもいいです）

名前：＿＿＿＿＿＿＿＿＿＿＿＿＿＿＿＿＿

日にち：＿＿＿＿年＿＿＿月＿＿＿日＿＿＿曜日

満点は 13 点です。合格は 12 点以上です。

1. 「説明の手紙」あるいは「謝罪の手紙」に入れると良いものをつぎのリストからすべて選んでください。入れるのが適当でないものには、印をつけないでください。（10点）
   - ☐ 今日の日にち
   - ☐ 相手の名前を正しく書いた挨拶
   - ☐ あなたのした悪いタッチに対する謝罪
   - ☐ 被害者がどのようにしてあなたに性暴力をふるわれたかの説明
   - ☐ あなたがしたことを忘れてもらうために、被害者にお金を払いますと言うこと
   - ☐ 思考の誤りをしないようにして、あなたがしたことを正確に書くこと
   - ☐ もし、うそをついたり、ほかの人のせいにしたりしたのなら、それを認めること
   - ☐ タッチは自分の誤りで、被害者の誤りではないと言うこと
   - ☐ あなたの行動のうち、被害者のせいでそうなった部分について説明すること
   - ☐ 悪いタッチをやめるために、あなたがしていることを言うこと
   - ☐ 悪いタッチをしたことに対してもう一度謝罪をすること

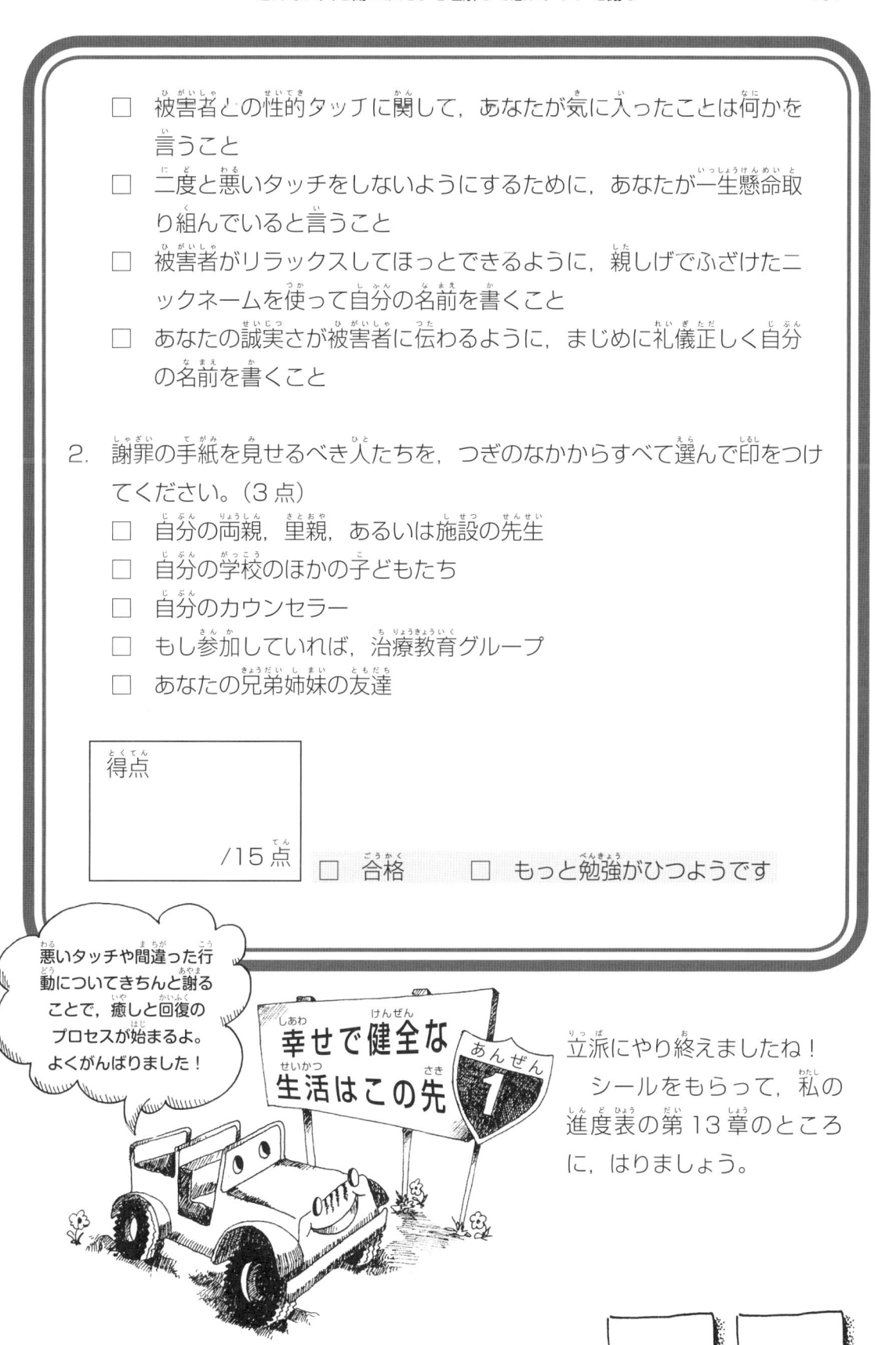

- ☐ 被害者との性的タッチに関して、あなたが気に入ったことは何かを言うこと
- ☐ 二度と悪いタッチをしないようにするために、あなたが一生懸命取り組んでいると言うこと
- ☐ 被害者がリラックスしてほっとできるように、親しげでふざけたニックネームを使って自分の名前を書くこと
- ☐ あなたの誠実さが被害者に伝わるように、まじめに礼儀正しく自分の名前を書くこと

2. 謝罪の手紙を見せるべき人たちを、つぎのなかからすべて選んで印をつけてください。(3点)
   - ☐ 自分の両親、里親、あるいは施設の先生
   - ☐ 自分の学校のほかの子どもたち
   - ☐ 自分のカウンセラー
   - ☐ もし参加していれば、治療教育グループ
   - ☐ あなたの兄弟姉妹の友達

得点 /15点　☐ 合格　☐ もっと勉強がひつようです

悪いタッチや間違った行動についてきちんと謝ることで、癒しと回復のプロセスが始まるよ。よくがんばりました！

幸せで健全な生活はこの先　あんぜん1

立派にやり終えましたね！
　シールをもらって、私の進度表の第13章のところに、はりましょう。

第14章 サバイバーになろう

　この章では，どうやって過去のつらい体験を乗り越え，走りぬけた後にたつ砂ぼこりのなかにそれを置いて行くのかについて学びましょう。この本では，「犠牲者」というのは，自分に起こったつらい出来事を乗り越えることができない人のことを指します。たとえば，強盗に撃たれて死んでしまった人などは，犠牲者そのものですよね。どんなにがんばったって，その人は死んでしまっているのですから，それを乗り越えて，この世に戻ってくることはできないのです。

　でも，実際の生活では，つらい出来事が起きても，死んでしまうことはめったにありません。よかったと思いませんか！　生きているということは，つらいことを体験したとしても，そこから立ち直って，また人生の道を歩みつづけて，もっとたくさんの素晴らしい体験ができるってことですからね。

　「サバイバー」というのは，つらい体験を乗り越えて，充実した健全な人生を歩み続ける人のことです。サバイバーは，つらい体験をしたからといって，そのせいで自分の人生をすっかり台無しにはしません。サバイバーは，過去に自分を傷つけた体験から回復するために必要な支援をうけて，健全な生活をまた送りつづけます。たとえば，腕にひどい骨折を負っているのに，医者にいって，ギプスをはめてもらおうとしない

第14章
サバイバーになろう

女の子について考えてみましょう。もし，その子が，腕をほったらかしにしたら，感染症を起こして死んでしまうかもしれません。そうすれば，その子は犠牲者になってしまいます。また，もし医者に行かなければ，まがったまま固まって，見かけがへんな腕になったり，腕の力が入らなくなるかもしれません。この場合も，その子は犠牲者になってしまうでしょう。

　でも，もしその子が，お医者さんへ行って，レントゲンをとってギプスをはめたら，腕はきれいに治って，何も困らずに残りの人生を送ることができるでしょう。そうすれば，その子はサバイバーになれるのです。援助を得て，つらい体験を乗り越えて，残りの人生をちゃんと送ったことになるのです。

　もう一つ別の例をあげてみましょう。ある男の子のお母さんとお父さんは，薬物を乱用して，刑務所へ入れられました。両親が薬物の使用をやめられそうにもなかったので，その子はとうとう養護施設で暮らすことになりました。もし，その男の子が薬物を使い始めて，施設から逃げ出して子どもの刑務所や少年院に入れられたりしたら，その子は，「犠牲者」になるのです。なぜなら，過去の体験のせいで，これから先の人生を台無しにしたんですから。その子は，両親と同じようにたくさんの問題をもつことになったのです。

　でも，もしこの男の子が，施設の先生からの援助を受け入れて，カウンセリングにも通って，どうすれば健全な暮らしができるかを学べば，サバイバーになるでしょう。なぜなら，その子は，過去のつらい体験のせいで未来を台無しにしないですんだからです。

　養護施設で暮らしている10歳のアキラの話に，少し耳を傾けてみましょう。

アキラの話

ぼくは，お父さんからずっと虐待されていたんだ。お父さんはすごく厳しくて，いじわるだった。お父さんはお母さんにひどいことばかり言っていた。ぼくを怒鳴りつけて，さんざんひどいことを言った。お父さんは，ぼくより年上の男の子に性暴力もふるったんだ。ぼくは，お父さんが，その子にしていることを見たんだよ。ぼくが5歳くらいのとき

に，今度は，そのお兄ちゃんがぼくに性的なことをした。

しばらくして，ぼくは，ほかの子に悪いタッチをするようになった。妹にもだ。そのことを，いまじゃ悪かったなと思っている。ぼくがそういうことをしていたときは，「犠牲者」みたいになってしまっていた。なぜって，お父さんやそのお兄ちゃんがほかの人にしていたのと同じ間違ったことをしていたんだから。

　いまは，ぼくはサバイバーだ。なぜなら，カウンセリングをずっと受けているしね。この本のおかげで，ぼくは正しい選択をすることができるようになり，自分に起こったことを話せるようになった。いまは，たくさんの人が虐待されているってことを知っているし，虐待されるのは，その子たちのせいじゃないってこともわかってる。ぼくは，お父さんみたいにならないように一生懸命努力しなきゃいけないんだ。もうお父さんのことは恐くない。ぼくは，ほかの人に意地悪しないように，ほかの人を虐待しないように，一生懸命努力しているよ。ぼくはもうすぐ，やさしい里親さんのところで暮らすことになるんだ。ぼくはサバイバーだよ。

アキラの話

　アキラは，サバイバーの良い例です。彼は，過去の体験を乗り越えて，新しい，健康的な生き方を学ぼうと，一生懸命努力しています。

　エリが義理のお父さんに性的虐待を受けた後に，自分について書いた詩が，ここにあります。虐待されたあと，彼女はとうとう弟や妹に悪いタッチをするようになってしまいました。彼女は自分自身を許し，再び自分を好きになれるように，一生懸命努力しなければなりませんでした。この詩を書いたとき，彼女は自分を犠牲者のように感じていました。しかし，嬉しいことに彼女は熱心にカウンセリングに取り組み，高校を卒業し大学へ進学しサバイバーになろうと努力を続けています。彼女がまだ幼くて，自分を犠牲者のように感じていたころ，どんな気持ちだったか耳を傾けてみましょう。

エリの詩

忘れられない憎しみ

わたしは小さかったころ，
バレリーナになりたかったの，
踊るバービーと，
タキシードを着たケンみたいに。
代わりに得たものなんて，欲しくなかったわ。
私は悪いタッチをされたの，
信じていた人に！
もう，だれも信じられない。
この男のせいで，
憎しみは忘れられないほどまでに深まった。
「絶対あいつを許さない」
それがわたしの毎日のつぶやきだった。
なのにいまは私があいつみたい。
私を信じてくれていた子に悪いタッチをしてしまった。
あの子たちは，私みたいになりたがっていた。
私はいつだって言っていたのよ。私は傷つけないって，
愛する人たちを傷つけないって。
ああ，
私は忘れられないほどまでに深めてしまった
憎しみを……
私自身に対する，憎しみを！

自分のことなんか大嫌い……

この詩を書いたことで，エリはいくらか気分が楽になりました。そして，家族や友達から，多くの支援を受けることになりました。自分自身を愛することができるようになったとき，エリはサバイバーになりました。

以下は，犠牲者とサバイバーがどう違うかを説明したものです。

犠牲者

犠牲者は，ほかの人を虐待することによって，自分を虐待した人と同じように，振る舞う。

犠牲者は，ほかの人を大事にするということを学ばなかったので，悪いタッチをする。

犠牲者は，自分のことを悪い人間だと思っているので，間違ったことや悪いことをする。

犠牲者は，被害的にものごとをとらえ，自分の人生を管理できないと思っている。

犠牲者は，無力なふりをして，自分の行動をほかの人のせいにする。虐待がもはや起こらなくなっているときでさえ。

サバイバー

サバイバーは，自分自身もほかの人も大事に思っているので，ほかの人に親切にする。

サバイバーは，自分自身とほかの人にとってどんな影響があるかがわかっているので，決して悪いタッチをしない。

サバイバーは自分のことを良い人間だと思っているので，良いことをしようとする。

サバイバーは，乗り越えられると感じており，自分の人生を健全な方法で管理できるとわかっている。

サバイバーは，自分の誤りを受け入れ，自分の人生を良い方法で管理するために正しい行動に出る。

第14章
サバイバーになろう

犠牲者	サバイバー
犠牲者は，自分の悪い行動に対する言いわけをするのに，多くの思考の誤りを用いる。	サバイバーは思考の誤りを用いない。その代わりに，自分の過ちに対して責任をとる。
犠牲者は，ルールやガイドラインを無視するだろう。ほかの人たちが，彼らを管理しなければならない。	サバイバーは，自分でルールやガイドラインを守る。ほかの人に管理してもらう必要はない。
犠牲者は，境界線が曖昧だ。ほかの人の境界線に注意をはらわず，しばしばほかの人の境界線を侵害する。	サバイバーは，境界線が明確だ。自分の境界線が侵害されると，どんな気持ちになるかわかっているので，ほかのだれの境界線も侵害しない。
犠牲者は，自分の行動の結果を考えない。ただ自分がしたいと思ったことを何でもするだけだ。	サバイバーは，否定的な（悪い）結果を避けるために，行動をする前に考える。
犠牲者は，間違った方法で行動化する。盗んだり，許可なくものをとったり，人のものを壊したり，ほかの人をぶったりといったように。	サバイバーは，暴力を用いずに，問題や葛藤を解決する。サバイバーは，わざとほかの人を傷つけたりしない。
犠牲者は，受け身でありすぎたり，あるいは攻撃的すぎたりする。	サバイバーは，はっきりと言う。ほかの人を傷つけたり脅したりせずに，自分の気持ちや希望を述べる。
犠牲者は，しょっちゅう落ち込んでいるが，自分に起こっていることを何とかしようとしない。	サバイバーは，落ち込んだら援助を求める。自分の気分を良くするための肯定的な方法を学ぶ。

犠牲者は、自分自身やほかの人を傷つけずに、自分の気持ちを表現する方法を知らない。そして、怒りや自分をかわいそうに思う気持ちにとらわれてしまう。

犠牲者は、自己評価が低い。自分には何の価値もないと思うので、自分自身を傷つけようとするだろう。

犠牲者は、自分自身を大切にしない。なぜなら、だれも自分を好いてくれないと思い込んでいるから。

犠牲者は、ときどき、性や性的行動ばかりに関心を向ける。あまりにも多くの人と性関係をもったり、ポルノ依存になったりして。彼らの性生活はバランスを欠いている。性的なことが、人生であまりにも大きな役割を占めている。

犠牲者は、自分自身の痛みにばかり目を向け、自分自身に、否定的な関心ばかりを向けている。

犠牲者は、否定的な行動をして、失敗する。

サバイバーは、ほかの人や自分自身を傷つけることなく自己表現をする。語ったり、体を動かしたり、絵を描いたり、文章を書いたりすることで。

サバイバーの自己評価は高い。子どものころのつらい体験については、自分には何の責任もないことを知っている。

サバイバーは、自分自身を大切にする。清潔を保ち、身だしなみにも気を遣う。

サバイバーは、大人になればセックスが良いもので、人生の健全な一部になることは知っているが、性的なことばかりに関心を向けるとトラブルが生じることを理解している。

サバイバーはほかの人の痛みに注意を注ぎ、自分の経験をほかの人を助けるために用いる。サバイバーは、人に敬意を表し、どうすれば、健康的な方法で、ほかの人の気分を良くできるかを知っている。

サバイバーは、健康的で肯定的な行動を身につけて、成功する。

第14章
サバイバーになろう

課題 14 A

以下の状況を読んで，その人が犠牲者のように振る舞っているか，それともサバイバーのように振る舞っているかを言いなさい。

1. アンナは，養護施設で暮らしています。彼女はつらい子ども時代を送り，両親は，彼女の世話をあまりしませんでした。アンナは，自分や弟たちのために，店に行って食べ物を盗んでこなければならないときもありました。ここ最近は，養護施設で生活しながら，彼女は，店に行って，音楽を聴きたいからとCDを盗みました。
   ☐ アンナはサバイバーのように振る舞っている。
   ☐ アンナは犠牲者のように振る舞っている。

2. トシオは11歳ですが，子どものころからたくさんのけんかや暴力を目にしてきました。お父さんは刑務所に入っており，お母さんには長いあいだ会っていません。ある日学校で，ほかの子がトシオのお母さんのことをひどくけなして，トシオにけんかをしかけてきました。トシオはその子を追い払い，先生のところに行って，たったいま起こったことについてどうしたらいいかと相談しました。
   ☐ トシオはサバイバーのように振る舞っている。
   ☐ トシオは犠牲者のように振る舞っている。

3. ルイはお母さんに育てられました。お母さんは薬物を乱用しており，いろいろな男性とのつきあいがありました。ルイは，お母さんが，たくさんの男性とセックスをしているのも目にしました。いま彼女は11歳になり，もう自分もセックスをするのに充分な年齢だと思い，そうするために，しばしば男の子をひっかけようとしています。
   ☐ ルイはサバイバーのように振る舞っている。
   ☐ ルイは犠牲者のように振る舞っている。

4. タロウは，6歳のころにお父さんに性的タッチをされました。その後，タロウは，ほかの子どもに悪い性的タッチをしました。いま彼は12歳で，自分の大切な場所を人に見せて，さわってもらおうとするようになりました。

☐ タロウはサバイバーのように振る舞っている。
☐ タロウは犠牲者のように振る舞っている。

5. ジュンは，8歳です。彼女は年上のいとこに大切な場所をさわられました。彼女はカウンセラーに，自分に起こったことを話し，そんなことになったのは自分のせいではないと理解できました。ジュンは良いタッチと悪いタッチについて学びました。そして，性的な気持ちになったときには，カウンセラーの先生に話をしています。
☐ ジュンはサバイバーのように振る舞っている。
☐ ジュンは犠牲者のように振る舞っている。

　子どもたちは常に学び成長しています。子どもたちは，自分を犠牲者のように感じ，これから先もずっと犠牲者のままであると思うことがあります。でもそうではありません！　犠牲者になるかサバイバーになるかは，たいてい，あなたがいまどう振る舞うかにかかっています。過去にあなたに起こったことによって決まるのではありません。子どもたちは，成長していく途上で，「犠牲者」のように振る舞うこともあれば，「サバイバー」のように振る舞うこともあります。この本の大きな目標は，サバイバーになるための正しい道を選ぼうと，いつも努力をすることです。
　以下は，施設で生活している11歳のコウタロウが自分の経験について言いたいことです。

ぼくはサバイバーになるために毎日努力しているんだ。

たいていぼくは犠牲者のように振る舞っていた。ぼくは，施設からときどき逃げだしたりした。人の悪口を言ったり，うそをついたり，盗んだり，それにけんかもした。そのうえぼくは，人の大切な場所に悪いタッチをしていた。ぼくの弟や妹にもしていたんだ。いま，ぼくは自分がした間違った選択のことを悔やんでいる。そして自分のした誤りから学んで，いまは毎日サバイバーになるために努力しているんだ。

コウタロウの話

☐ ☐

第14章
サバイバーになろう

　コウタロウは，とても大切なことを学びました。それは，過去の虐待体験が，自分の未来を決めるのではないということです。コウタロウは，毎日どうすべきかを選ばなければなりません。まずい選択をしたときには，犠牲者みたいになります。良い選択をしたときには，サバイバーのようになります。コウタロウの目標は，サバイバーになり，幸せで健全な生活をすることです。

　コウタロウは，犠牲者の行動とサバイバーの行動のリストをつくり，できるだけ犠牲者のような行動を減らして，サバイバーのような行動をするように努力し続けています。以下は，彼のリストです。

（どうでもいいさ，逃げりゃいいんだ。）

コウタロウの犠牲者的行動
・性的なことを口にしすぎる。
・腹をたてると逃げ出す。
・家族が恋しくなって，あきらめて，もうどうでもいいと思ってしまう。
・大人と何でもかんでも口論して言いわけをしてばかりいる。
・けんかを始めて，陰で人の悪口を言う。

（毎日身だしなみをきちんと整えなきゃね。）

コウタロウのサバイバー的行動
・人に親切にする。
・カウンセリングに一生懸命取り組む。
・毎日シャワーを浴びて歯ブラシと歯間ブラシで磨く。
・一カ月間，逃げ出していない。
・礼儀正しくしてルールを破らない。
・失敗したことであっても，本当のことを言う。

　さあ，つぎはあなたが自分の行動を見つめて，犠牲者的行動とサバイバー的行動のリストを作る番です。

課題 14 B

以下の空欄に，過去1年のあいだの自分の行動を書きなさい。自分がしたことで，犠牲者的行動にあたるものをいくつか書きなさい。そして，サバイバー的行動もいくつか書きなさい。この課題をやり終えたら，サバイバー的行動を増やし，犠牲者的行動を減らすにはどうしたらいいかが，もっとわかるようになるでしょう。そうすれば，あなたは，カウンセラーの先生といっしょに，犠牲者的行動をなくして，もっとサバイバー的行動をとるための目標を設定することができます。

犠牲者的行動

1.＿＿＿＿＿＿＿＿＿＿＿＿＿＿＿＿＿＿＿＿＿＿＿＿＿＿＿＿＿＿＿＿

2.＿＿＿＿＿＿＿＿＿＿＿＿＿＿＿＿＿＿＿＿＿＿＿＿＿＿＿＿＿＿＿＿

3.＿＿＿＿＿＿＿＿＿＿＿＿＿＿＿＿＿＿＿＿＿＿＿＿＿＿＿＿＿＿＿＿

4.＿＿＿＿＿＿＿＿＿＿＿＿＿＿＿＿＿＿＿＿＿＿＿＿＿＿＿＿＿＿＿＿

5.＿＿＿＿＿＿＿＿＿＿＿＿＿＿＿＿＿＿＿＿＿＿＿＿＿＿＿＿＿＿＿＿

サバイバー的行動

1.＿＿＿＿＿＿＿＿＿＿＿＿＿＿＿＿＿＿＿＿＿＿＿＿＿＿＿＿＿＿＿＿

2.＿＿＿＿＿＿＿＿＿＿＿＿＿＿＿＿＿＿＿＿＿＿＿＿＿＿＿＿＿＿＿＿

3.＿＿＿＿＿＿＿＿＿＿＿＿＿＿＿＿＿＿＿＿＿＿＿＿＿＿＿＿＿＿＿＿

4.＿＿＿＿＿＿＿＿＿＿＿＿＿＿＿＿＿＿＿＿＿＿＿＿＿＿＿＿＿＿＿＿

5.＿＿＿＿＿＿＿＿＿＿＿＿＿＿＿＿＿＿＿＿＿＿＿＿＿＿＿＿＿＿＿＿

第 11 章「人にされたタッチについて話すこと」では，あなたがこれまでにされた悪いタッチについてたずねられましたね。この章では，過去にあなたを傷つけた人に，そんなことされていやだったと話すことによって，サバイバーのように振る舞う機会があります。これは，サバイバーになるための大きな一歩です。カウンセラーの先生に相談して，これまであなたをいちばん傷つけた人はだれなのかを考えるところから始めましょう。その人は，あなたに性的タッチをした人かもしれませんし，ほかの方法であなたを傷つけた人かもしれません。

素晴らしいよ！サバイバーになるのは，とっても大変かもしれない。でも，君はいままさに正しい道を歩んでいるよ！

サバイバー

課題 14 C

下の空欄に，あなたを傷つけた人，ひとりの名前と，その人があなたにしたこと，その当時そのことであなたはどんな影響を受けたか，その経験がいまなお，あなたにどんな影響を与えているかを書きなさい。もしそうしたいなら，もっと紙を使って，ほかの人とその人たちがしたことについても同じように書いてかまいません。もしその人の名前がわからないなら，その人が，あなたにとってどういう立場の人だったかを書きなさい。

あなたを傷つけた人（その人の名前を書くか，あるいは，「グリーン養護施設の保母さん」といったふうに書いてもかまいません）。

―――――――――――――――――――――――

その人があなたにしたこと：

―――――――――――――――――――――――

_____

_____

_____

_____

その当時，その経験があなたにどんな影響を与えたか。

_____

_____

_____

_____

その経験が，いまもあなたにどんな影響を与えているか。

_____

_____

_____

_____

　つらい体験を思い出すのが楽しいことはまずありません。このあたりは，とてもつらい作業になりますが，あなたは，それに取り組んでいます。あなたは，サバイバーになる練習をしているのです。過去のつらい体験に向き合うことは，新しい健全な人生を切り開くために必要なことなのです。

第14章
サバイバーになろう

> よくやっているよ，君は本当に勇気があるね！

サバイバー

さて，つぎにあなたは，こうしたつらい思い出をどうするか決めることになります。もし，あなたをさわったり，傷つけた人に，自分がどう感じたかを話せるとしたら，何を言うでしょうか。その人に，何を言ったりしたりして欲しいですか。たとえその人にはもう会うことはないとしても，あなたがされたことについて，どう感じたかをその人に伝えようとしてみるのは良い考えです。それをするのに，手紙の形をとることができます。あなたはその手紙を出したいと思うかもしれませんし，出したくないかもしれません。カウンセラーの先生が，どうしたらいいかを決めるのを助けてくれます。いまのところは，まずあなたの気持ちを紙に書いてみることから始めましょう。以下は，あなたが自分の手紙に入れることができる事柄です。

1．「こんにちは，シンジ」のように，挨拶から始めましょう。
2．いまあなたが何歳か，どこに住んでいるかを書きましょう（自分の住所を書くのではなく，「いまはアツコおばさんと住んでいます」とか「いまは施設で生活しています」というふうに書きます）。
3．その人が，あなたにタッチをしたり，傷つけるためにしたりしたことについて覚えていることを書きましょう。
4．そんなことをされたときに，あなたがどう感じたかを書きましょう。
5．相手の人に望むことを言いましょう（たとえば，「子どもに悪いタッチをするのをやめて，援助を受けて欲しい」とか，「人をぶつのをやめて欲しい」というふうに）。
6．あなたの名前を最後に書きましょう。

以下は，マサカズが，義理の姉さんに書いた手紙です。姉さんはマサカズに悪い性的タッチをしました。

2007年8月15日
ユミコ姉さんへ
　ぼくはいま9歳で，スミレ養護施設に住んでいます。ぼくは，もうヒデコ叔母さんとは暮らせません。なぜなら，サチコとリサコに悪い性的タッチをしてしまったからです。ぼくが4歳のときに，悪いタッチを姉さんから教わったことを覚えています。姉さんは8歳か9歳だったね。ぼくたちは，街にある父さんの古い家にいましたね。ぼくたちはいっしょにブルーベリー畑に行って，それからいっしょに寝室に行ったのを覚えています。そしてトイレにつれていかれました。姉さんは，ぼくのおちんちんを姉さんのおちんちんに入れることができると言いましたね。姉さんはぼくのおちんちんを，もっと長く入れさせたかったんですね。ぼくはそんなことが1日に2回あったことを覚えています。
　ぼくは本当のところ，そのときそのことをどう感じていたかわかりません。でもいまは，姉さんがぼくにしたことに良い気持ちはしません。
　姉さん，子どもに悪いタッチをするのは，やめてください。姉さんもカウンセラーのところに行って助けてもらうべきだと思います。それと，ぼくは，なぜ姉さんがぼくの大切な場所に悪いタッチをしたのかも知りたいと思います。
　ぼくの気持ちを聞いてくれてありがとう。姉さんのこと，本当に心配しています。だって，ぼくの姉さんだからね。
　　　　　　　　　　　　　　　　　　　　　弟のマサカズより

　では，今度はあなたが，あなたにタッチをした人，あるいは何らかの方法であなたを傷つけた人に手紙を書く番です。カウンセラーの先生に相談して，だれに手紙を書くか決めましょう。覚えておいてください。手紙を書くのは，あなたが自分の気持ちを出せるようにするためなんですよ。

第14章
サバイバーになろう

その手紙を出すかどうかについても，カウンセラーの先生が相談にのってくれるでしょう。あなたが治療グループに入っているなら，ほかのメンバーの前でその手紙を読んでみるのもいいでしょう。だれにとってもいいことだと判断されたなら，カウンセラーの先生は，あなたがあなたを傷つけた人に会って，直接，自分の気持ちを語れるようにするかもしれません。こうした面会は，あなた自身が，絶対安全だと感じられるときにだけ行われます。

課題 14 D

203ページの手紙を書く際の六つの事柄を参考にして，以下の空欄に，あなたに悪いタッチをした，あるいは何らかの方法であなたを傷つけた人への手紙を書きなさい。

日にち：＿＿＿＿＿＿＿＿＿＿＿＿＿＿＿＿＿＿＿＿＿＿＿＿＿＿＿＿＿＿＿＿＿＿

＿＿＿＿＿＿＿＿＿＿＿＿＿＿＿＿＿＿ さんへ

＿＿＿＿＿＿＿＿＿＿＿＿＿＿＿＿＿＿＿＿＿＿＿＿＿＿＿＿＿＿＿＿＿＿＿＿＿＿

＿＿＿＿＿＿＿＿＿＿＿＿＿＿＿＿＿＿＿＿＿＿＿＿＿＿＿＿＿＿＿＿＿＿＿＿＿＿

＿＿＿＿＿＿＿＿＿＿＿＿＿＿＿＿＿＿＿＿＿＿＿＿＿＿＿＿＿＿＿＿＿＿＿＿＿＿

＿＿＿＿＿＿＿＿＿＿＿＿＿＿＿＿＿＿＿＿＿＿＿＿＿＿＿＿＿＿＿＿＿＿＿＿＿＿

＿＿＿＿＿＿＿＿＿＿＿＿＿＿＿＿＿＿＿＿＿＿＿＿＿＿＿＿＿＿＿＿＿＿＿＿＿＿

＿＿＿＿＿＿＿＿＿＿＿＿＿＿＿＿＿＿＿＿＿＿＿＿＿＿＿＿＿＿＿＿＿＿＿＿＿＿

_____ より

本当にたいへんな課題でしたね。その手紙を出しても出さなくても，ただ書くだけでも，回復のプロセスになるものです。

課題 14 E

では，あなたの手紙をだれか信頼できる人に見せましょう。もし，あなたがタッチの問題がある人のための治療グループに入っているなら，そのメンバーにも読んでもらいましょう。手紙を見せた人に頼んで，その手紙の気に入ったところを以下の空欄に書いてもらいましょう。

読んでくれた人の名前：＿＿＿＿＿＿＿＿＿＿＿＿＿＿＿＿＿＿＿＿

その人が手紙について気に入ったところ：

よくがんばりました！　長い道のりでしたね。この本を始めたころは，たくさん犠牲者的行動をしていましたが，いまでは，あなたはサバイバーになる努力をしています。ずっとサバイバーでいることは，ときにとてもたいへんな努力を必要とします。なぜなら，私たちは成長する途上では，ときどき自分の面倒がうまくみられなくなったり，以前の否定的な行動のしかたに，また戻ってしまったりすることがあるからです。あなたが車だったらどうでしょう。手入れや油の入れ替えを日常的にしなかったら，どんなに良い車でも壊れて動かなくなるでしょう。この章を復習することで，あなたは自分自身をチューンアップ（馬力をかけること）ができるのです。新しい目標を設定するために，犠牲者的行動をやめるために，そして，サバイバー的行動を強めるために，この先もこの章にもどる必要があるかもしれません。

> 犠牲者には絶対ならない。
> ぼくはずっとサバイバーでいるよ！

どのくらいがんばったか，チェックしましょう

ロードテスト 14

サバイバーになろう

（本を見てもいいです）

名前：＿＿＿＿＿＿＿＿＿＿＿＿＿＿＿＿＿

日にち：＿＿＿＿年＿＿＿＿月＿＿＿＿日＿＿＿＿曜日

満点は 10 点です。合格は 9 点以上です。

1. いったん犠牲者になったら，いつまでも犠牲者のままだ。（1 点）
   ☐ 正しい　　☐ 間違い

2. サバイバーは，過去の悪い経験のせいで人生を台無しにしたりしない。（1 点）
   ☐ 正しい　　☐ 間違い

3. 犠牲者的行動の例を一つあげなさい。（1 点）

   1)＿＿＿＿＿＿＿＿＿＿＿＿＿＿＿＿＿＿＿＿＿＿＿＿＿＿＿＿＿＿

4. サバイバー的行動の例を二つあげなさい。（2 点）

   1)＿＿＿＿＿＿＿＿＿＿＿＿＿＿＿＿＿＿＿＿＿＿＿＿＿＿＿＿＿＿

   2)＿＿＿＿＿＿＿＿＿＿＿＿＿＿＿＿＿＿＿＿＿＿＿＿＿＿＿＿＿＿

5. 過去の虐待は，いつも未来がどうなるかを決定する。（1 点）
   ☐ 正しい　　☐ 間違い

6. サバイバーのように振る舞うときに，あなたがすると思うことを以下の
   リストからすべて選びなさい。（4点）
   - ☐ 健康的な方法で自分の感情を表現する。
   - ☐ だれかがむかつくことをしたら殴る。
   - ☐ 虐待するのにふさわしい人間がいたら虐待する。
   - ☐ 行動する前に考えて，良い選択をする。
   - ☐ 自分自身を良い人間とみなして，良いことをしようとする。
   - ☐ 身だしなみを良くする。
   - ☐ 薬物やアルコールを乱用して，過去のつらい体験を忘れようとする。

   得点

   /10点　　☐ 合格　　☐ もっと勉強がひつようです

シールをもらって，私の進度表の第14章のところにはりましょう！

いいぞ，サバイバー！
どんなに君が成長し，
変化したか，
見てごらん！

幸せで健全な
生活はこの先

あんぜん
1

第15章

警戒警報に気づいて傘をさそう

　あなたは，いつも何か問題をかかえているように見え，間違った悪いことを何度も何度も繰り返している人にこれまでに会ったことがありますか。いつも何か問題を起こしている人に，これまで会ったことがありますか。人を傷つけるような行為をやめられなくなっている人に，これまで会ったことがありますか。

　この章では，あなたの生き方を良い方向に変えるための新しい方法について学びます。悪いタッチや傷つけるような行為をやめられなくなるような生き方の代わりに，どのように自分の失敗から学んで，新しい生き方を選び取るかを学びます。まず，第14章で学んだ新しいサバイバーのスキルを使って，あなたの一番困った行動の，いわゆる「警戒警報」を説明しましょう。それから，人生のどしゃぶりからあなたをまもる「傘」を見つけるお手伝いをしましょう。「傘」というのは，あなたが困ったときに，自分やまわりの人を傷つけるかわりに，あなたが選ぶことができる，正しくて安全な行動です。

傷つけるような行為の繰り返しにはまってしまわないようにするための一番良い方法は，間違った行動をしそうになっていることに気がついて，方向を変えることです。この本では，このように，しそうになっている状態に気づかせてくれる状況を「警戒警報」とよびます。

もしスズメバチの大群が，あなたのほうに向かって飛んでくるのを見たらどうしますか。あなたはかけ出して，そのスズメバチの大群に向かっていきますか，それとも反対の方向へ逃げますか。

もし空が暗くなって，漏斗状の雲が水平線にあらわれ，竜巻がごうごうと唸る音が大きくなってきているのを聞いたらどうしますか。その嵐のまっただなかに入っていきますか，それとも避難するために逃げますか。

もし自分が悪いタッチをしそうになっているのに気づいたら，どうしますか。そのまま突き進んで，悪いタッチをして，ほかの人を傷つけたり，自分が子どもの刑務所に入るような危険をおかしますか。それとも，この本で学んだあらゆることを使って，違う選択をしますか。

悪いタッチやそのほかの問題行動の警戒警報というのは，ちょうど，スズメバチや竜巻が近づいていることに，前もって気づくことと同じようなものです。もし危険に気づいたら，向きを変えて，ほかの道へ進むことができるのです。あなたは，もっと良い，つまり，自分にとってもほかの人にとっても良い，安全な選択ができるのです。警戒警報に気づくということを学ぶことは，空に黒い雲がないかどうかを確かめて，どしゃぶりになるときに備えて傘を持って出かけるのと同じです。

警戒警報というのは，あなたが悪い性的タッチへと向かっていることを知らせるような，あなたのあらゆる気持ち，思考，行動のことなのです。警戒警報は，人それぞれで，人によって違います。たとえば，小さい子の大切な場所のことを考えることは，あなたがその子の大切な場所をさわりたいということを知らせてくれているのかもしれません。それは，はっきりとした，警戒警報なのです。

警戒警報に気づくということを学ぶことは，あなた自身やまわりの人の安全を保てるようになるための重要なステップです。いったん，あなたが自分の警戒警報に気づけば，自分の行動を変えるための，力強い，前向きな一歩を踏み出すことができるのです。あなたは自分の人生をコントロールして，良い選択ができるようになるのです。もし問題となる行動に早く気づく方法を身

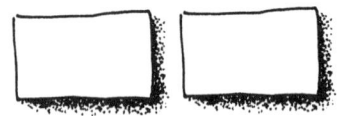

につければ，たくさんのやっかいなことに巻き込まれたり，子どもの刑務所のような場所に入れられたりしてしまう前に，そうした行動を変えることができるでしょう。

　第9章の「悪いタッチにつながる四つの間違った曲がり角を理解しよう」では，間違った地図を手渡される原因となった，生活上の出来事を振り返りましたね。この章までで，あなたは，どこで間違った地図を手渡されたか，あるいは，どこで悪いタッチについて学んだのかについて，ずいぶん良く理解できたことでしょう。過去に悪いタッチをしてしまったのはなぜなのかについても，理解し始めていることでしょう。サバイバーになるためのつぎのステップは，新しい正しい地図を作り，道路封鎖を解消して，あなた自身の警戒警報を見つけることです。それは，初めての道をドライブしながら，危ない曲がり角がないか注意深く探すことに，とてもよく似ています。それぞれの曲がり角に，「注意して進め」や「スピード落とせ」といった黄色の標識をあなたは立てていくのです。こうした標識は，「危ない曲がり角」であることを，いつだってあなたに警告してくれるのです。悪いタッチについて言えば，あなたの警戒警報というのは，ちょうど「注意して進め」や「スピード落とせ」という黄色の標識のようなものなのです。そのおかげで，あなたは安全な場所にとどまり，正しい行動をとることができるのです。

注意して進め

　あなたのこれまでの生活や，タッチの問題のあるほかの子どもたちの生活がどんな様子だったかを振り返ることから始めて，悪いタッチの警戒警報とは何かを考えてみましょう。

　これまでの章に登場した，バズビーの友達，リサ（第9章），ケン（第2章），アヤノ（第5章），タケオ（第10章）を覚えていますか。みんな，自分のカウンセラーの先生と一緒に，悪いタッチの警戒警報をわかるようになるために，一生懸命取り組んできました。悪いタッチをしたころに，自分たちの生活のなかで，どんなことが起こっていたかを思い出すことから始めました。思い出したことのなかには，年上の人から性的タッチをされたことや，家を離れて施設に入ったこと，ほかの人がセックスをしているのを見たこと，エッチなビデオを見たこと，インター

ネットで裸の人の写真を見たこと，やっかい続きだったこと，あるいは，ずっとさびしかったり，悲しかったり，腹を立てていたことなどがありました。
　そんなことが起こった当時のことを思い返しながら，みんなが悪いタッチにつながる警戒警報に気づけるよう，カウンセラーの先生が助けてくれました。そうして，みんなが気づいたのは，以下のようなことです。

- ずっと自分の大切な場所をさわっているようになった。
- もうだめだと思って，自分が何をしているのか，おかまいなしになった。
- 裸のことや大切な場所をさわることばかり考えるようになった。
- ほかの人の大切な場所をさわりたいと強く思うようになった。
- 裸の人の写真を見るためにインターネットをしたくて，こそこそしていた。
- ほかの人にセックスについてたくさん話すようになり，性的な質問をたくさんした。
- さわるために，人に近づこうとしていた。
- 大切な場所の絵をたくさん描いた。
- 裸の人の写真をたくさん切りぬいて，自分の部屋にかくした。
- 物干しから下着を盗んで，自分の寝室に持ち込んだ。
- 人に近づいて性器をこすりつけようとした。
- ほかの子どもが見ているときに，自分の大切な場所をこするふりをした。
- 友達みんなに，裸の人がでている雑誌や写真をくれと頼んだ。

今度は、あなた自身の悪いタッチの問題について考える番です。つぎの課題では、あなたがいまにも悪いタッチをしそうなことを知らせていると思われる事柄のリストをあげてみましょう。この課題に取り組むには、タッチの問題が始まったころのことを思い起こし、あなたを悪いタッチへと導いた思考・感情・行動について考えなければなりません。このリストは、人によって違います。

課題 15 A

　以下の空欄に,あなたの悪い性的行動の警戒警報になると思われる,思考・感情・行動のリストを作りなさい。この課題に取り組むには,カウンセラーの先生に手伝ってもらうほうがいいかもしれません。

_____
_____
_____
_____
_____
_____
_____
_____
_____
_____

「警戒警報」を無視してはいけないよ。困ったことが起こったり,最悪の気分になったら,助けを求めるんだよ。

　よくできました！ 一生懸命取り組んで,本当によく考えました。警戒警報に気づくことは,必ずしも簡単なことではありません。でも,警戒警報に気づけると,あなたはたくさんのやっかいなことに会わずにすむのですよ！

第15章
警戒警報に気づいて傘をさそう

　こんなむずかしい課題を終えたんですから，ここでちょっと休憩をとってもいいでしょう。あなたとカウンセラーの先生の準備ができたら，また中断したところから続けてください。

> 休憩の時間だよ！
> 準備ができたら，
> また会おうね。

　これまでに学んだように，警戒警報に気づくことは，黒い雲が近づいていないか，空模様を見ることに似ています。こんなふうに空模様をちゃんとチェックすれば，どしゃぶりの雨にそなえて，かならず「傘」を持って出かけることができるはずです。実際の生活では，「傘」は雨がかからないように守ってくれます。この本でいう「傘」とは，前向きで健全な行動のことで，あなたを生活のなかで起こる嵐から守ってくれるものなのです。遠くに出ている黒い雲，つまり警戒警報に気がついたときに，良い選択をすることで，過去のつらい出来事，間違った考え，いやな気持ちを乗り越えることを支えるために，あなたにできることを，「傘」というのです。「傘」は問題行動からあなたを遠ざけ，前向きで健康的な方向にあなたを導いてくれます。

　子どもたちが，人生で困ったことに出くわしたときに役立つような，前向きな行動には，一般的に，以下のようなものがあります。この本では，こうした前向きな行動を，「傘」とよびます。このリストを見れば，あなたの問題に対処するのに役立つような良い考えが浮かぶかもしれませんね！

- 助けをもとめる。
- 信頼できる人に，自分の気持ちについて話す。
- 親，カウンセラー，施設の先生に，悩んでいることを話す。
- 自分の問題について友達に聞いてもらう。
- 日記や雑記帳に自分の気持ちを書く。
- 健康的な運動をする。
- 自然のなか屋外ですごす。
- テープで物語を聞いて，リラックスする。
- 昼寝をして，目を覚ましたら良い選択ができるようにする。
- 肯定的な「自分への話しかけ」を使う。自分は良い選択ができるはず，と言い聞かせる。
- 紙に，何か前向きな目標を書いてみる。
- シャワーを浴びたり歯を磨いたりして，清潔ですっきりした気分になる。
- 絵を描いたり，本を読んだり，詩を書いたりといった自分自身を良く思えるような，健全なことをする。
- ほかの人のために，何か良いことをする。
- 自分はサバイバーであって犠牲者ではないことを思い出せと，自分に言い聞かせる。

　さあ，つぎはどんな種類の「傘」が，あなたに役立つのかを考える番です。考え始めるにあたっては，上にあげたリストを使うといいでしょう。でも，一番大切なことは，何があなたに役立つのかを明らかにすることなのです。あなたは特別な人ですし，あなた自身の好き嫌いがあるでしょう。いやな気分におちいったり，悪い行動に走ったりするのを止めてくれるのが何なのかを知っているのは，だれよりもあなた自身です。あなたはおそらくほかのだれよりも，何があなたを良い気分にさせてくれるのかを知っているはずです。ですから，つらいときに，あなたの気分を良くしてくれるのはどういうことなのかを，自分自身で思いつけるはずです。

課題 15 B

以下に、あなたの「傘」のリストを書きなさい。間違った考えや、いやな気分になっていると気づいたときにできる、あらゆる前向きで健全なことをあげなさい。できるだけたくさん書きなさい。もっとたくさん思いついたなら、カウンセラーの先生に、紙をもらえますよ。

では，悪いタッチをしないようにするための，良い「傘」を見つける作業にとりかかりましょう。リサ，ケン，アヤノ，タケオが思いついた，警戒警報に前向きに対応するのを助けてくれる「傘」には，どんなものがあるのかを見てみましょう。

警戒警報：ずっと自分の大切な場所をさわっているようになった。
傘：ただ自分の大切な場所をさわる代わりに，もっと運動をすることにした。
警戒警報：もうだめだと思って，自分が何をしているのか，おかまいなしになった。
傘：カウンセラーの先生と話をして，自分がなぜ悲しいのかがわかった。先生といっしょに，気分を良くするために，計画を作った。
警戒警報：裸のことや大切な場所をさわることばかり考えるようになった。
傘：子どもの刑務所に行ったらどうなるかを考えるようにした。そのおかげで，裸のことをそんなに考えないようになった。
警戒警報：ほかの人の大切な場所をさわりたいと強く思うようになった。
傘：カウンセラーの先生に話したら，何が合法で，何が違法，つまり法律違反になるかを教えてくれた。先生は，もしぼくが，だれかの大切な場所にさわったら起こる可能性があるたいへんなことを全部教えてくれた。

第 15 章
警戒警報に気づいて傘をさそう

警戒警報：裸の人の写真を見るためにインターネットをしたくて，こそこそしていた。
傘：里親のお母さんに話をしたら，コンピューターにパスワードを設定してくれたので，見たくてたまらなくなることはなくなった。里親のお母さんは，私がインターネットで見たことの多くは，本当のことではないし，性的行動について，私に間違った考えを教えているという話をしてくれた。
警戒警報：ほかの人にセックスについてたくさん話すようになり，性的な質問をたくさんした。
傘：カウンセラーの先生は，ほかの人にセックスの話をすると，セクシャル・ハラスメント（セクハラ）という問題になる可能性があると説明してくれた。カウンセラーの先生と里親は，性的な質問をしたければ，自分たちにしてくれたらいいよと言ってくれた。
警戒警報：さわるために，人に近づこうとしていた。
傘：ほかの人から，いつも2歩離れておくために，2歩の大きさのシャボン玉を思い描くことを学んだ。そのおかげで，人にさわりたいという思いに強くかられることはなくなった。

さあ、今度はあなたの番です。リサ、ケン、アヤノ、タケオのように、あなた自身の警戒警報について考え、そのひとつひとつに本当に有効な「傘」を見つけたいと思うでしょう。困難なときに、自分やほかの人を傷つけたいという衝動のままに行動する代わりに、あなたが健康的で役立つ行動を選ぶのを助けてくれる「傘」を見つけたいと思うでしょう。人それぞれ異なるので、あなたにとって役立つのは何なのかを、はっきりさせることが大切です。

課題 15 C

以下の空いたところに、まずは課題 15 A であげた、警戒警報を書きなさい。それから、それぞれの警戒警報について、少なくともひとつの「傘」を見つけましょう。ひとつひとつの警戒警報に本当に役立つ「傘」を選びだすようにしましょう。カウンセラーの先生に手伝ってもらってもかまいません。

警戒警報：＿＿＿＿＿＿＿＿＿＿＿＿＿＿＿＿＿＿＿＿＿＿＿＿＿＿＿＿＿

傘：＿＿＿＿＿＿＿＿＿＿＿＿＿＿＿＿＿＿＿＿＿＿＿＿＿＿＿＿＿＿＿＿

警戒警報：＿＿＿＿＿＿＿＿＿＿＿＿＿＿＿＿＿＿＿＿＿＿＿＿＿＿＿＿＿

傘：＿＿＿＿＿＿＿＿＿＿＿＿＿＿＿＿＿＿＿＿＿＿＿＿＿＿＿＿＿＿＿＿

警戒警報：＿＿＿＿＿＿＿＿＿＿＿＿＿＿＿＿＿＿＿＿＿＿＿＿＿＿＿＿＿

傘：＿＿＿＿＿＿＿＿＿＿＿＿＿＿＿＿＿＿＿＿＿＿＿＿＿＿＿＿＿＿＿＿

警戒警報：＿＿＿＿＿＿＿＿＿＿＿＿＿＿＿＿＿＿＿＿＿＿＿＿＿＿＿＿＿

傘：＿＿＿＿＿＿＿＿＿＿＿＿＿＿＿＿＿＿＿＿＿＿＿＿＿＿＿＿＿＿＿＿

第 15 章
警戒警報に気づいて傘をさそう　　　　　　　　　**223**

警戒警報：＿＿＿＿＿＿＿＿＿＿＿＿＿＿＿＿＿＿＿＿＿＿＿＿＿＿＿＿＿＿＿＿

傘：＿＿＿＿＿＿＿＿＿＿＿＿＿＿＿＿＿＿＿＿＿＿＿＿＿＿＿＿＿＿＿＿＿＿

警戒警報：＿＿＿＿＿＿＿＿＿＿＿＿＿＿＿＿＿＿＿＿＿＿＿＿＿＿＿＿＿＿＿＿

傘：＿＿＿＿＿＿＿＿＿＿＿＿＿＿＿＿＿＿＿＿＿＿＿＿＿＿＿＿＿＿＿＿＿＿

警戒警報：＿＿＿＿＿＿＿＿＿＿＿＿＿＿＿＿＿＿＿＿＿＿＿＿＿＿＿＿＿＿＿＿

傘：＿＿＿＿＿＿＿＿＿＿＿＿＿＿＿＿＿＿＿＿＿＿＿＿＿＿＿＿＿＿＿＿＿＿

警戒警報：＿＿＿＿＿＿＿＿＿＿＿＿＿＿＿＿＿＿＿＿＿＿＿＿＿＿＿＿＿＿＿＿

傘：＿＿＿＿＿＿＿＿＿＿＿＿＿＿＿＿＿＿＿＿＿＿＿＿＿＿＿＿＿＿＿＿＿＿

　それでは，警戒警報，「傘」について学んだことを，悪いタッチ以外の，ほかの種類の問題に当てはめて考えてみましょう。以下は，ほかの子どもたちが取り組んでいる問題です。
　アユミは，自分が暮らしている施設の先生に腹を立て，しまいには，汚いことばでののしってしまうことがよくあります。
　ヒデオは，ほかの子とうまくやっていくことができなくて，人の悪口を言っては，しょっちゅう喧嘩をしています。
　スミコは学校でほかの人のものを盗みます。
　カウンセラーの先生や両親の助けをかりながら，アユミ，ヒデオ，スミコは，自分たちがそうした悪い行動にはまってしまっていて，それを，何度も何度も繰り返していることに気づきました。それぞれに，自分の警戒警報に気づき，正しい道にとどまるよう助けてくれる「傘」の役割をしてくれるような，役立つ事柄のリストを作りました。以下は，アユミ，ヒデオ，スミコが学んだことです。

問題行動：アユミは，自分が暮らしている施設の先生に腹を立て，しまいには，汚いことばでののしってしまうことがよくあります。

警戒警報：アユミは，施設で暮らさなければならないことがとてもつらく，実際，とてもさびしくてたまらないということに気がつきました。アユミは，このつらい気持ちが，自分の警戒警報であると学びました。

傘：アユミは，施設の先生に，自分の気持ちについて話をすると，毎日気分が良くなることがわかりました。また，自分自身に前向きなことを言い聞かせていると，腹が立たないということもわかりました。いわゆる，肯定的「自分への話しかけ」を用いるのです。

問題行動：ヒデオは，ほかの子とうまくやっていくことができなくて，人の悪口を言っては，しょっちゅう喧嘩をしています。

警戒警報：ヒデオは，自分がほかの人に対してとても否定的であることに気づきました。また，母親と電話で話ができないときに，喧嘩を始める傾向があることにも気づきました。学校の勉強でうまくやれなかったときに，よけいに喧嘩になりやすいということもわかりました。ですから，彼の警戒警報は，母親と話ができないことと，学校の課題やテストで悪い点をとることでした。

傘：ヒデオは，これまでずっと，母親にがっかりさせられてきたことに気づきました。また，楽しい活動を心待ちにしているときのように，生活のなかのもっと前向きなことに気持ちが向いているときのほうが，気分が良いことに気づきました。彼はまた，学校で得意な教科もいくつかあって，そのおかげで気分が良くなることにも気づきました。彼の「傘」は，自分の気持ちを，楽しい活動に向け続けて，自分が得意なことを生かしながら，うまくやっていると自分自身に言い聞かせることです。

問題行動：スミコは学校でほかの人のものを盗みます。

警戒警報：スミコは，処方された薬を飲んでいないときに，間違った選択をしがちだということがわかりました。また，自分自身がいやになったときや，ひとりぼっちだと感じたとき，またほかの人と話をしないときに，何かを盗んでしまう傾向があることもわかりました。こうしたことは，すべて，彼女の警戒警報でした。

傘：毎日，ちゃんと薬を飲む必要があると気づきました。また，ほかの人と

いっしょに過ごしたほうが，ひとりぼっちだという気持ちにおそわれにくいことにも気づきました。彼女の「傘」は，ちゃんと薬を飲むこと，ほかの思いやりのある人たちの側にいるようにすること，そして，大人に自分の気持ちを話すことです。

あなたのほかの問題行動には，どんなものがあるでしょうか。いつもカッカと腹を立てていますか。あなたは自分が気に入っている，遊んだり読んだりするものを，ほかのだれかに貸してあげるのがいやですか。けんかしてしまいますか。物をこわしますか。床の上に，服や何やらを投げ散らかしていますか。大人にうそをついていますか。ほかの人のものを盗みますか。この章で学んだことを使って，ほかの否定的な行動パターンを理解したり，変えたりする方法があるかどうか，考えてみましょう。

課題 15 D

過去一年，二年のあいだにかかえていた，あなたの問題行動を選び出してください。性的な問題行動である必要はありません。どんな問題行動でもかまいません。

_____

_____

_____

_____

_____

_____

課題 15 E

　この課題をするのにカウンセラーの先生に手伝って欲しいと思うかもしれません。まず課題15Dから問題行動を三つ選んで，以下の空欄に書きなさい。つぎに，それぞれの問題行動に対して，少なくともひとつの警戒警報を見つけなさい。そして，それぞれの問題行動と警戒警報に対する「傘」として役立つのは何なのかを書きなさい。

問題行動：＿＿＿＿＿＿＿＿＿＿＿＿＿＿＿＿＿＿＿＿＿＿＿＿＿＿＿＿＿＿＿＿＿

警戒警報：＿＿＿＿＿＿＿＿＿＿＿＿＿＿＿＿＿＿＿＿＿＿＿＿＿＿＿＿＿＿＿＿＿

傘：＿＿＿＿＿＿＿＿＿＿＿＿＿＿＿＿＿＿＿＿＿＿＿＿＿＿＿＿＿＿＿＿＿＿＿

＿＿＿＿＿＿＿＿＿＿＿＿＿＿＿＿＿＿＿＿＿＿＿＿＿＿＿＿＿＿＿＿＿＿＿＿＿

問題行動：＿＿＿＿＿＿＿＿＿＿＿＿＿＿＿＿＿＿＿＿＿＿＿＿＿＿＿＿＿＿＿＿＿

警戒警報：＿＿＿＿＿＿＿＿＿＿＿＿＿＿＿＿＿＿＿＿＿＿＿＿＿＿＿＿＿＿＿＿＿

傘：＿＿＿＿＿＿＿＿＿＿＿＿＿＿＿＿＿＿＿＿＿＿＿＿＿＿＿＿＿＿＿＿＿＿＿

＿＿＿＿＿＿＿＿＿＿＿＿＿＿＿＿＿＿＿＿＿＿＿＿＿＿＿＿＿＿＿＿＿＿＿＿＿

問題行動：＿＿＿＿＿＿＿＿＿＿＿＿＿＿＿＿＿＿＿＿＿＿＿＿＿＿＿＿＿＿＿＿＿

警戒警報：＿＿＿＿＿＿＿＿＿＿＿＿＿＿＿＿＿＿＿＿＿＿＿＿＿＿＿＿＿＿＿＿＿

傘：＿＿＿＿＿＿＿＿＿＿＿＿＿＿＿＿＿＿＿＿＿＿＿＿＿＿＿＿＿＿＿＿＿＿＿

＿＿＿＿＿＿＿＿＿＿＿＿＿＿＿＿＿＿＿＿＿＿＿＿＿＿＿＿＿＿＿＿＿＿＿＿＿

第 15 章
警戒警報に気づいて傘をさそう

　問題行動を変えるには，時間と多くの努力が必要なはずです。この章では，やっかいなことにつながるような警戒警報に注意をはらうことを学びました。また，「傘」というのは，問題行動からあなたを守るためにとるべき，前向きなステップであることを学びました。それはちょうど，傘が大雨からあなたを守ってくれるのと同じことです。警戒警報に注意を払い，「傘」を使うと，さまざまな種類の問題行動に対処するのに役立つこともわかりました。さあ，自分の問題行動に注意をはらい，警戒警報に気がついたときに，自分の「傘」をさすかどうかは，あなた次第です。

> 大雨だ！
> ワイパーをつけたほうが，良さそうだ。

ロードテスト 15

警戒警報に気づいて傘をさそう

(本を閉じて，思い出しながらやってみましょう)

名前：＿＿＿＿＿＿＿＿＿＿＿＿＿＿＿＿＿

日にち：＿＿＿＿年＿＿＿月＿＿＿日＿＿＿曜日

満点は 12 点です。合格は 11 点以上です。

1. 警戒警報とは，＿＿＿＿＿＿＿＿＿＿＿＿＿(1点)
   A.＿＿＿あなたに間違ったことをするように強制する何かです。
   B.＿＿＿あなたを問題行動に導くような行動・感情・思考です。
   C.＿＿＿あなたが無視しなければいけない何かです。
   D.＿＿＿あなたにそこで止まるように指示する道路の赤信号です。

2. だれでも，生きているあいだに何らかの否定的な行動をするものだ。
   (1点)
   □ 正しい　　□ 間違い

3. あなたの問題行動を変えるために，注意をはらわなければならないのは
   ＿＿＿＿＿＿＿＿＿＿＿＿＿(1点)
   A.＿＿＿ポケモン
   B.＿＿＿警戒警報
   C.＿＿＿テレビ
   D.＿＿＿ポルノ映画やポルノ写真

4. また悪いタッチをしてしまう方向にあなたを導く警戒警報を三つあげなさい。（3点）

　　1)_____

　　2)_____

　　3)_____

5. 良い選択をし，やっかいなことを避けるのに役立つ「傘をさす」ための，良い肯定的な方法をリストのなかからすべて選びなさい。（5点）
　　☐ 気持ちを吐き出すために，何かを激しくぶつ。
　　☐ 悩みから気をそらすために，裸の人の写真を見る。
　　☐ 自分の気持ちをだれかに話す。
　　☐ 何か健康的な運動をする。
　　☐ 気持ちを吐き出すために，だれかほかの人にいじわるをする。
　　☐ リラックスするために，物語のテープを聞く。
　　☐ 友達にあなたの問題を聞いてもらうように頼む。
　　☐ 日記に自分がどう感じているかを書く。

6. 警戒警報が何であるかを知ることは，_____（1点）
　　A._____大人だけができること。
　　B._____自分自身とほかの人の安全を保つことを学ぶときの大事な段階。
　　C._____大学で学ぶこと。
　　D._____犬や猫にとって大切なこと。

得点

／12点　　☐ 合格　　☐ もっと勉強がひつようです

ロードテストも，この章の学習もがんばりましたね！　私の進度表の第 15 章にシールをはりましょう。

人生の嵐に注意して，自分の傘を使うことを学べば，健全な冒険や，幸せな生活に続く道を進み続けることができるよ！

幸せで健全な生活はこの先

あんぜん 1

第16章
安全計画ブックを作って活用しよう

　おめでとう！　ロードマップ（地図）にしたがって，こんなに遠くまで進んできましたね。性暴力防止安全チームの正会員になるには，もうすぐです。それだけでなく，あなたはサバイバーとなって，幸せで健全な生活を送る方法を身につけつつあります！

　さあ今度は，これまでにあなたが学んだことを整理して，あなたを支えてくれるサポートチームの人たちに見てもらいましょう。たくさんの楽しい課題に取り組みます。あなたの力を最大限引き出して，いきいきと表現してください。この章では，これまでにこの本で学んだことをすべて振り返り，「安全計画ブック」を作ります。

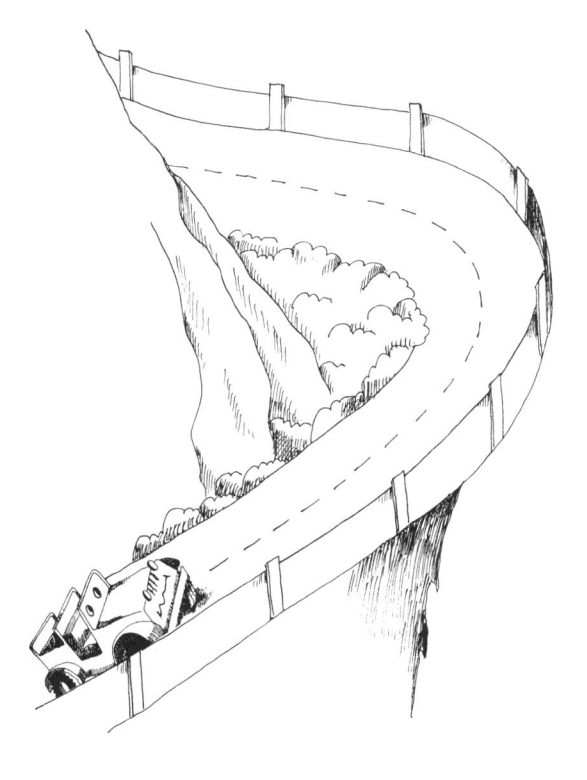

　「安全計画」というのは，あなたの生活を安全で健康なものにするための計画です。安全計画には，思考・感情・行動を安全で健康なものに保つために必要なすべての段階が含まれます。あなたの安全計画には，みんなが安全に生活できるようにするためのルールやガイドライン（指針）が含まれます。安全計画というのは，狭い山道で崖から落ちてしまわないように守ってくれる，立派で頑丈なガードレールのようなものなのです。ガードレールがあるおかげで，あなたは安全でいられ，道からはずれずにすむのです。もしガードレールの強度が十分でなかっ

たら，あなたは道から飛び出して，崖から落ち，自分自身やほかの人を傷つけてしまうかもしれません。

「安全計画ブック」には，あなた個人の安全計画のさまざまな要素が含まれます。どうすれば，安全を保ち，良い選択ができるかに役立つような，ルールや覚え書きやアイデアがしるされています。安全計画ブックは，あなたがこれまでこの本で学んできたことのまとめでもあります。そこには，あなたがこの本を終えてずいぶん経ってからも，読み返したり，書き加えたりすることができるページがたくさんあります。あなたの安全計画ブックは，あなた自身のためのガードレールなのです。強くて頑丈なガードレールを作れば，あなたは安全を保ち，いつだって正しい道を進むことができるのです。

どこに行くときも，あなたは，自分の安全計画ブックをもっていくことができます。そこに何かを書き加えることも，書きかえることもできますし，何より一番良いのは，あなたのサポートチームに見せることができます。サポートチームは，あなたのことを大切に思っていて，あなたが健全で幸せな生活へと続く道を歩み続けるのを応援したいと思ってくれている人たちです。

第16章
安全計画ブックを作って活用しよう

　サポートチームは，あなたが悪いタッチの問題について話ができる人たちで構成されています。このメンバーには，家族も入っていますし，ほかには，カウンセラーや施設の先生，そのはかにあなたといっしょにいる人たちが含まれます。サポートチームがあるということは，車にナビがついていたり，良い地図をもっていたりするようなものです。そのおかげで，あなたは間違った道に入り込まずにすみますし，素晴らしい冒険が待っている正しい道を進み続けることができるのです。

　ちょっと良い話をしましょうか。実はこの章には，ロードテストがありません。最終テストは，あなたの安全計画ブックを作ること，そしてこの本で学んだことすべてを練習し続けることです。この本をやり終えることは，あなたの旅の第一段階にすぎません。つぎの段階は，あなたが学んだことすべてを活用しつづけることです。学んだことを忘れたら，曲がるところを間違えて，やっかいなことに巻き込まれるかもしれません。学んだことすべてを実行しつづけるなら，あなたは本物の「サバイバー」となり，幸せで，健全な人間になるでしょう。

　さあ，安全計画ブックに取りかかりましょう！　カウンセラーの先生の指示で，もうすでに安全計画ブックに取り組んでいるなら，素晴らしいことですね。まだ始めていないなら，いまこそ取りかかるときです！

安全計画ブックに取りかかるにあたっては，以下のものが必要です。
- プラスチックのフォルダー
- フォルダーに綴る紙

そのほかにも，つぎのような物が使えるといいですね。
- クレヨン，色鉛筆，またはカラーのマジックペン
- ステッカーやあなたがページの飾りに使いたいと思うもの（古い絵はがき，雑誌の切りぬき写真など）
- 色画用紙
- のり，またはセロテープ
- ハサミ
- 穴あけパンチ
- ホッチキス

大人の人に頼んで，必要な品をそろえましょう。

この章のそれぞれの課題については，カウンセラーの先生に頼んで，コピーをしてもらい，綴じることができるようにパンチで穴をあけてもらうことから始めましょう。そうすれば，ページをバラバラにできるので，あなたは好きなように書き込んだり，装飾したり，色を塗ったりできます。その後で，あなたの安全計画ブックにすぐに加えることができます。仕上げたページは，それぞれ，忘れずにプラスチックのフォルダーに綴じ込みましょう。

さあ，楽しくやりましょう！　これは自分らしさを表現する課題です。いきいきと表現して，これをあなたのための安全計画ブックに仕上げてください。好きなように色を塗ったり飾ったりしてください。そうすれば，自分の作り上げたものを誇りに思えますし，安全計画ブックを見たり，ほかの人に見せたりするのが楽しくなるでしょう。あなたはあらかじめ用意された様式を使ってもいいですし，自分独自のページに仕上げるために，それぞれの課題に，自分のアイデアや情報を盛り込んでもかまいません。

表紙を作ることから始めましょう。それから，1章ごとに，この本で何を学んだのかを振り返る時間をもちましょう。ひとつの課題を仕上げて，良い感じに装飾できたら，そのつど安全計画ブックに加えてください。いろいろなページを，好きなだけ加えてもかまいません。この本に取り組んでいるあいだに，新しいやりかたを

第 16 章
安全計画ブックを作って活用しよう

学んだら，それをまた別の紙に書いて，あなたの安全計画ブックに加えてもかまいません。たとえば，ある男の子は，「自分の気持ちについて話して」と書いたポスターを冷蔵庫に貼っていました。このポスターは，その子が学んだことの覚え書きとして，安全計画ブックのとても素敵な1ページになりました。この本で学んだほかの事柄や，あなたが大事だとおもう課題や，自分で書いた詩やおはなし，あるいは絵を加えてもいいでしょう。いったん完成させたら，あなたはカウンセラーの先生といっしょにその中味を見直したり，ほかに入れておきたいものはないか考えたりしましょう。安全計画ブックに何を入れるかを決めるのは，あなたとカウンセラーの先生次第です。だって，あなたの本ですからね！

　あなたはこの本の長い道のりを進んできました。安全計画ブックは，この本の旅が終わった後も，あなたが幸せで健全な生活に向けて旅を続けるときにもっていくべきものなのです。

> いいかい，一つ進んだら休憩するんだよ。
> もし疲れたら，いつだって休憩していいんだよ。安全計画ブックを作るのは時間がかかるかもしれないけど，心配いらないよ。
> きみは，健全な生活へと向かっているんだからね。

本の表紙

　どんな本にも表紙が必要です！　そこには，本の題名と，作者の名前（つまりあなたの名前）を書きましょう。素敵なデザインがされている表紙もありますし，本の中身がわかるようなイラストが描かれた表紙もあります。

　あなたの安全計画ブックの表紙には，本の題名，あなたの名前を書いて，好きなように装飾しましょう。フォルダーのおもてに，表紙をのりではりつけましょう。右の例はバズビーの表紙です。

著書の略歴

　まず，あなたの短い自己紹介を書きましょう。二つ三つ並べれば大丈夫です。それから，あなた自身の写真をはるか，自画像を描きましょう。できたら，フォルダーの表紙の裏側に，のりづけしましょう。右の例はバズビーの自己紹介です。

　バズビーは，大阪に住んでいます。
　バスケットと笛を吹くことと，ドライブが趣味です。
　バズビーは，マックスという名前の犬を飼っています。
　これは，バズビーの初めての著作です。

子どもサバイバー出版

第 16 章
安全計画ブックを作って活用しよう

タイトルページ

タイトルページには，本の題名，著書の名前，そして出版社の名前が書かれています。

あなたの安全計画ブックのタイトルページを作り，本の題名，あなたの名前，そして架空の出版社の名前を書きましょう。

右のバズビーのタイトルページを参考に考えてみましょう。

> **ぼくの安全計画ブック**
>
> 安全と健康を保つための
> バズビーの本当にすごい知恵袋
>
> バズビー作
>
> 子どもサバイバー出版

謝辞（感謝のことば）

本の最初に，「感謝のことば」を書くとすてきです。カウンセリングを受けているときに支えてくれた人たちに，お礼を言うページです。支えてくれた人たちには，両親や，そのほかの家族や親戚，里親，施設の先生，カウンセラーの先生などが入ります。

ここでは，ある 10 歳の男の子が，自分の安全計画ブックに入れた，「感謝のことば」を例としてあげます。

タイプ打ちはカウンセラーの先生にお願いして，あなたを支えてくれたすべての人に対する，あなたならではの感謝のことばを記してください。ページの一番下には，あなたの名前を書きましょう。

感謝のページは，タイトルページのすぐ後に入れましょう。

> **感謝のことば**
>
> ぼくは，おかあさん，おとうさん，義理のおかあさん，カウンセラーの先生，妹のジュンコ，弟のハルオ，それからおばあちゃんに，ぼくがよい選択ができるよう助けてくれていることを感謝します。それから，マサコおばさん，タダシおじさんとジロウおじさん，それからいとこの，サブロウ，ジュリ，リンタロウ，エリコには，ぼくが自分を大切にできるよう支えてくれていることを感謝します。ぼくは，家族を第一に，友達をそのつぎに大事にして，正直な大人になるようがんばります。
>
> 2007年3月　エイイチロウ

幸せで，健全な生活をして，自分らしく生きること……………

　あなたらしく生きて，幸せで健全な生活をするって，どういう意味でしょう？人によって答えは違います。だってひとりひとりが特別だし，独自な存在ですから。この質問について考えるには，第1章の「エンジンをかけよう」を読み返して，復習しましょう。第1章では，あなた自身について，少しばかり人に紹介しましたね。

　安全計画ブックのために，幸せで，健全な生活をして自分らしく生きることに関する以下の質問に答えてください。

ぼくが得意なことは…

_____

ぼくのお気に入りの活動は…

_____

大きくなったら，なりたいものは…

_____

大きくなったら，この人みたいになりたいと，あこがれている人は……

_____

第 16 章
安全計画ブックを作って活用しよう

ぼくのいちばん得意なことは…

_____
_____

混乱したときに気持ちを話す相手は…

_____
_____

ものすごく腹が立ったら，いっぱい健康的なことをします。たとえば…

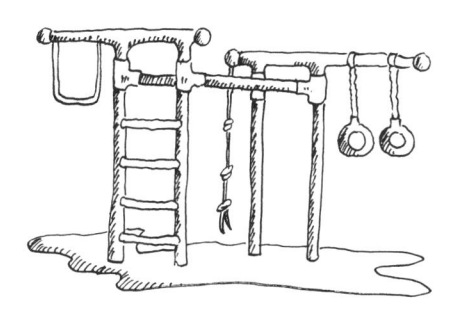

_____
_____

ぼくのサポートチーム

　第2章を読み返して，学んだことを復習しましょう。この章では，タッチの問題について学びました。そして，サポートチームをもつことについても学びました。サポートチームというのは，あなたが，すごくイライラしたり，悲しくなったり，性的な気持ちになったときに，話ができる人たちです。

　安全計画ブックのために，顔と髪の毛を描き加えて，あなたのサポートチームに入ってくれている人たちを紹介してください。そして，それぞれの人の名札に，名前を書きこみましょう。

第 16 章
安全計画ブックを作って活用しよう

　この人たちは，ぼくがとても腹がたったり，悲しかったり，混乱したときや，性的な気持ちになったときに，話ができる人です。ぼくの生活をサポートしてくれているみんなに，感謝します。

健全な生活をしているぼくの絵

　第2章では，グループではどんなふうに振る舞えばいいのかについて学んで，あなたの問題のリストを作り，あなた自身の絵やほかの人の絵を描きました。

　安全計画ブックのために，何か健康的な活動をして幸せな気分になっているあなた自身の絵を描きましょう。

「怒りの氷山」を理解しましょう

　第3章を読み返して、学んだことを復習しましょう。この章では、気持ちをどうやって話すのかを学びました。また、「怒りの氷山」について学び、「怒り」の背後にさまざまな気持ちが隠れている可能性があるということを知りました。

　安全計画ブックのために、できるだけたくさんの気持ちで氷山を埋めて、怒りを感じたときに背後にもっている可能性のあるいろいろな気持ちを示しなさい。

正しいタッチを用いること……………………………………………

　第4章を読み返して，学んだことを復習しましょう。この章で，良いタッチと悪いタッチについて学びました。それに，違法（法律に違反すること）と合法（法律に違反しないこと）ということについても学びました。

　安全計画ブックのために，悪いタッチをやめて良いタッチだけをすれば，どんな良いことがあるかを考えましょう。そんな良いことのなかから六つ選んで，枠のなかに絵で描き込んで，それからそれぞれの絵に題名を書きそえましょう。

第16章
安全計画ブックを作って活用しよう

悪いタッチをやめて良いタッチだけをすれば、こんなに良いことが起こります。

正しい考えをして，間違った考えを避けること……………

　第5章を読み返して，学んだことを復習しましょう。この章では，正しい考えと間違った考えについて学びました。「思考の誤り」や，肯定的な自分への話しかけと否定的な自分への話しかけについても学びました。

　安全計画ブックのために，使わないように気をつけている「思考の誤り」のリストを作りましょう。

　これは，ぼくが使わないように努力している「思考の誤り」です。
　「思考の誤り」をしないようにして，健全で責任感のある人になります！

第16章
安全計画ブックを作って活用しよう

247

安全計画ブックのために，自分が良い子だということを思い出すのに使う，肯定的な自分への話しかけのリストを作りましょう。

これはぼくの良いところです。こうした良いところがあるので，ぼくは，正しい道を進み続けることができるし，自分のことが好きでいられます。

性的な気持ちや衝動を管理すること

　第6章を読み返して，学んだことを復習しましょう。この章では，自分の性的な気持ちや衝動についてどんなふうに人に話したらいいか，そしてどんなふうに管理するのかについて学びました。

　安全計画ブックのために，性的な気持ちを健全な方法で管理するのに役立つ方法を考えましょう。それを，つぎの道路標識に書き込みなさい。

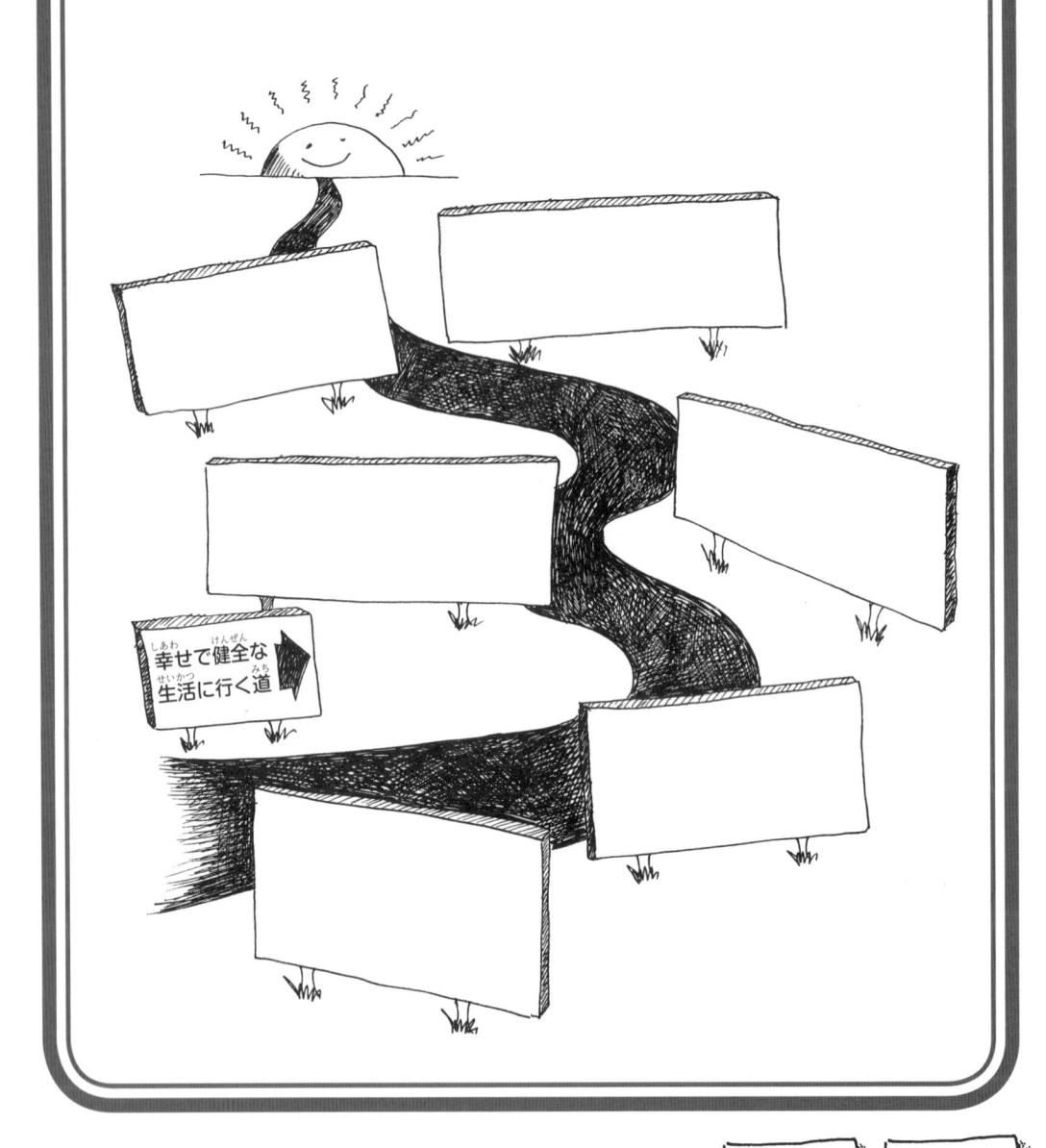

幸せで健全な生活に行く道 ➡

第16章
安全計画ブックを作って活用しよう

身だしなみをととのえる……………………………………………………

　第7章を読み返して，学んだことを復習しましょう。この章では，自分の体と思春期について学びました。身だしなみをよくするために毎日できることについて考えてごらんなさい。課題の7Aを参考にすることができます。

　安全計画ブックのために，あなたの体を身だしなみよく，清潔で，健康に保つために，それぞれの物が，体のどこに使われるか，線でつなぎましょう。

子どもの刑務所に入らないようにすること……………………

　第8章を読み返して，学んだことを復習しましょう。この章では，子どもの刑務所に入らないようにするために役に立つルールを学びました。体を管理する正しい方法と間違った方法についても学びました。

　安全計画ブックのために，子どもの刑務所に入らないようにするために役立つルールのリストを作りましょう。新しいリストを作るときには，まず第8章で，子どもの刑務所に入らないためのルールとしてあげたことを活用してください。もし，もっと書きたいことがあるなら，カウンセラーの先生に頼んで，このページのコピーをしてもらいましょう。

1.
2.
3.
4.
5.
6.
7.

幸せで健全な生活に行く道

子どもの刑務所

道路封鎖と危険地帯を避けること……………………………………

　第9章を読み返して，学んだことを復習しましょう。この章では，間違った地図，道路封鎖，そしてどのように間違った選択が，悪い行動につながるのかを学びました。

　安全計画ブックのために，道路の上の巨大な岩にできるだけたくさん道路封鎖の原因になるようなことをリストに書きましょう。リストには，あなたにひどいことを言った人たち，自分は悪い子だと思ってしまうような行動，セックスや大切な場所のことを考えさせるような事柄，そして健全な生活から遠ざけるようなあらゆることが含まれるでしょう。

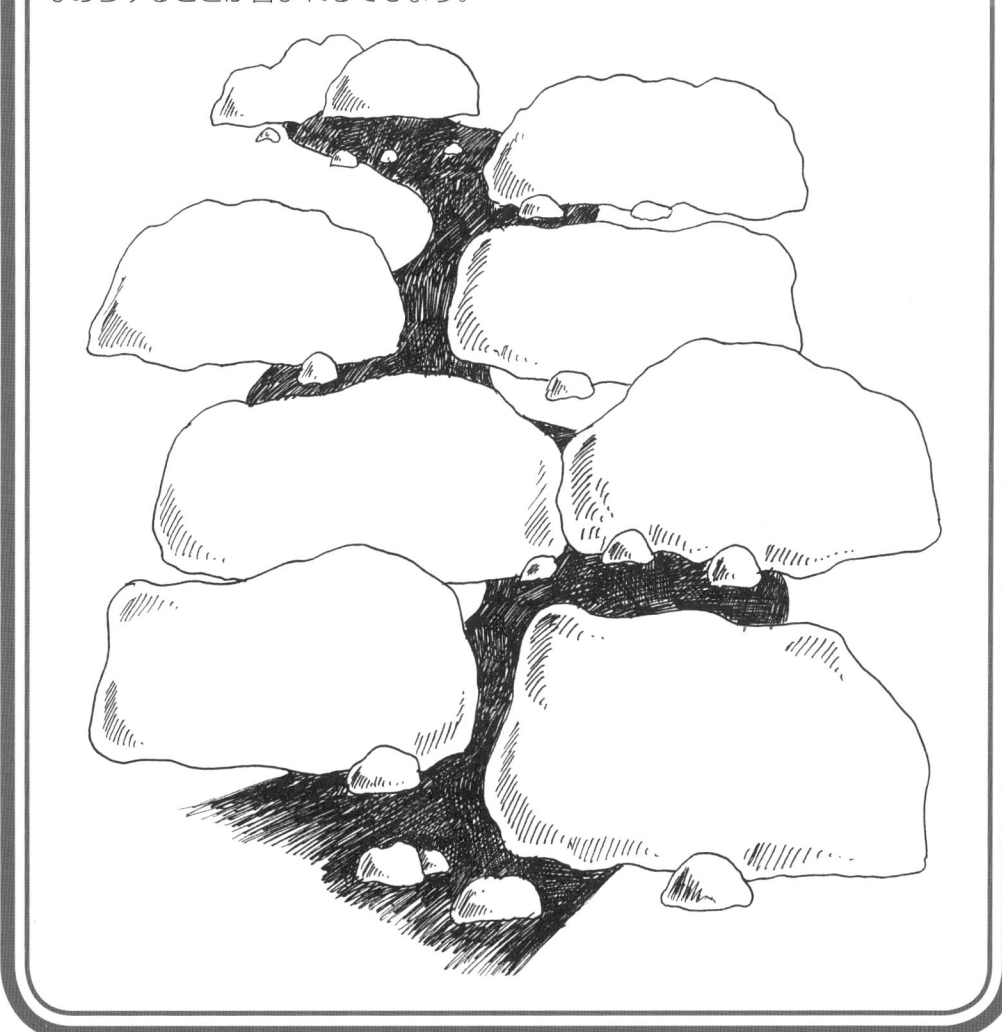

道路封鎖と危険地帯を避けること……………………

　第9章では，危険地帯についても学びました。危険地帯とは，間違った選択をして，悪いタッチをしてしまいやすくなるような場所や状況のことです。

　安全計画ブックのために，避けなければいけないとわかった危険地帯を書いてみましょう。第9章で作ったリストを見直して，それに，そのあと気づいた，ほかの危険地帯も書き加えましょう。

危険地帯	危険地帯

危険地帯	危険地帯

危険地帯	危険地帯

良い境界線を保つこと

　第10章を読み返して、学んだことを復習しましょう。この章では、自分の「特別な安全ルール」と、ほかの人の境界線を大切にすることを学びました。

　安全計画ブックのために、まず、課題10Cで取り組んだ、あなたの「特別な安全ルール」をコピーし、好きなように飾りましょう。つぎに、ほかの人の境界線を大切にするためにできることを、六つ書きましょう。

悪いタッチについての気持ちを分かち合うこと……………

　第11章を読み返して，学んだことを復習しましょう。この章では，人に悪いタッチをされるとどんな気持ちになるのか，そして，悪いタッチをされた人をどんなふうにサポートすればいいのかについて学びました。また，性的なタッチをするということを，どこで学んだのかについても話しました。

　安全計画ブックのために，まず課題11Dで描いた絵をコピーしましょう。その課題では，あなたに，いやなタッチをした人の絵を描きましたね。つぎに，悪い性的タッチをされると，どんな気持ちになるかを表している顔の絵を描きましょう。それぞれの顔の絵に，気持ちを表すことばで題名をつけましょう。

> 悪いタッチをされると，ぼくは，悲しいし，腹が立つよ！

本当のことを話すこと……………………………………

　第12章を読み返して、学んだことを復習しましょう。この章では、秘密にしておくことをやめて、過去にした間違いについて、すべてを話すということを学びました。

　安全計画ブックのために、過去に行った「悪いタッチ」という間違った行動について、本当のことを話すのはなぜなのか、その理由をすべてあげましょう。

_____

_____

_____

_____

_____

_____

> 謝れば、事態をよくするために、良いスタートが切れるよ！

悪いタッチについて謝ること

　第13章を読み返して，学んだことを復習しましょう。この章では，ほかの人をどのように傷つけたのか，そして過去の間違った行動を，どのように謝ればよいのかについて学びました。

　安全計画ブックのために，過去の悪いタッチを謝ることが，幸せで健全な生活へと続く正しい道を進み続けることにどう役立つのかを説明しなさい。

_____

_____

_____

_____

_____

_____

_____

_____

_____

第16章
安全計画ブックを作って活用しよう

サバイバーのようにふるまうこと

　第14章を読み返して、学んだことを復習しましょう。この章では、犠牲者ではなく、サバイバーとして生きるにはどうすればいいかを学びました。

　安全計画ブックのために、現在のあなたの振る舞いで、サバイバーの行動と言えるものをすべて書き出しましょう。

_____

_____

_____

_____

_____

_____

> ぼくは犠牲者にはなりたくない。サバイバーでいたいのさ、いつまでもね！

「警戒警報」に気づいて,「傘」を使うこと

　第15章を読み返して,学んだことを復習しましょう。この章では,「警戒警報」に気づいて,間違った選択をしないように守ってくれる「傘」をどのようにさすか,ということについて学びました。

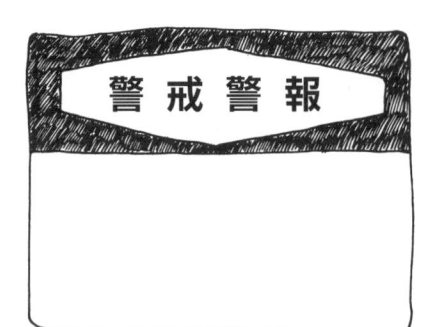

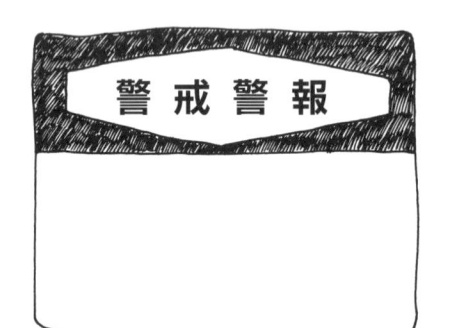

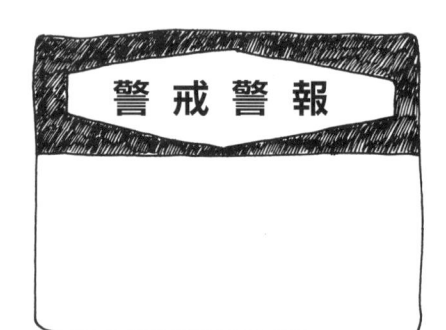

　安全計画ブックのために,まず,あなたの「警戒警報」をすべてあげましょう。

警戒警報	警戒警報

警戒警報	警戒警報

警戒警報	警戒警報

第16章
安全計画ブックを作って活用しよう

259

ぼくの「傘」

安全計画ブックのために，あなたが悪い行動をしないように助けてくれる「傘」をすべてあげましょう。

安全第一

　安全で，健全で，幸せな生活へと続く，正しい道を進み続けることについて，どんなにたくさんのことを学んだか，考えてごらんなさい！

　安全計画ブックには，幸せな時間と楽しい冒険が待ち受けている正しい道を進み続けるために，あなたがこの本で学んだことをすべて書きましょう。もっと書くところが必要なら，カウンセラーの先生に言って，このページのコピーをもらいましょう。あなたを危険から守る「ガードレール」になることをたくさん書き込めば，それだけあなたは，安全に進めるんですよ！

これからの幸せで健全な生活……………………………………………

　ロードマップは，あなたが，幸せで，健全な生活を送れるようになることをお手伝いすることを目指してきました。では，幸せで健全な生活というのは，あなたにとって，どんなものなのかを思い描いてみましょう。それは，いま現在のあなたの暮らしそのものかもしれませんし，それとは全然違うものかもしれません。これはとても個人的な課題です。

　このページの空いたところに，あなたにとっての幸せで健全な生活を，できるだけ詳しく描いてください。絵には，できるだけたくさんのこと描き込みましょう。あなたの家や家族，友達，楽しい趣味，そして，学校や仕事などです。これは，あなたがこれから先どんなふうに暮らしたいかということを示す絵です。

チームの一員

　おめでとう！　あなたは，ついに，「性暴力防止安全チーム」のメンバーになりました。
　カウンセラーの先生に，「性暴力防止安全チーム」の会員証を作ってもらい，それを，安全計画ブックの一番後ろに綴じましょう。

安全計画ブックを見せること

　カウンセラーの先生といっしょに，もう一度安全計画ブックの最初に戻って，全体を見返しましょう。もしあなたが何か付け加えたいなら，いまそれを行ってください。いいですか，安全計画ブックが強力であればあるほど，あなたはより安全に暮らせるのです。また，あなたにとって，いちばん役に立つ順番に，安全計画ブックの中味を入れかえることもできます。
　あなたとカウンセラーの先生が安全計画ブックに満足できたら，今度は，それをあなたのサポートチームの人たちみんなに見せる番です。あなたのサポートチームに入ってくれている人たちのところへ行って，安全計画ブックで取り組んだことを，すべて見せなさい。あなたを助けてくれた人たち，ひとりひとりに，お礼を言うことを忘れないでくださいね。

> おめでとう！　ついにこの本をやり終えたね！
> きみは，本物のサバイバーだよ。そのうえきみは，
> 「性暴力防止安全チーム」の一員になったんだよ。
> さあ，その調子ですすめ！

会員証

_____ は

この本をやりとげたので，
性暴力防止安全チームのメンバー
となったことをここに証明します。

_____   _____
カウンセラー   日付

おめでとう！

　あなたは，ついにこの本をやり終えました。信じられないくらいたくさんのことに取り組みました。とても長くて，たいへんな道のりを旅しましたね。あなたはサバイバーです。あなたは道からそれないように頑張って，たくさんの道路封鎖も乗り越えてきました。健全で，責任感ある人のように，どう考えて振る舞えばいいのか，もうわかりましたね。また，安全な方法でほかの人と気持ちを分かち合う方法も知っています。自分のことを誇りに思うべきです。だって，いまやあなたは，性暴力防止安全チームのメンバーなんですから。

　いいですか，「安全計画ブック」は，正しい道を進み続けるために必要な，あなただけのための地図なのです。「安全計画ブック」は，安全な場所に保管して，新しい問題を解決したときや，健全な暮らしを続けるための新しい方法を学んだときには，そこに新しいページを付け加えてくださいね。ときどき，手にとって読み返してみましょう。そうすれば，これまでに学んだやり方を忘れずに繰り返し練習することができるでしょうから。この本を終えることは，健全な生活へと向かう，大きな一歩ですが，人生は始まったばかりです。まだまだたくさんの道が，目の前に広がっています。

　バズビーが，最後に，あなたに伝えたいことがあるようです。

> この先も，素晴らしい冒険がたくさん待っているよ。注意をおこたらずに，いつだって，いちばん安全な道を進むんだよ。君は一生懸命やってくれたし，ぼくは，君のことをとても誇りに思うよ！

この本の旅でどれだけ進んだかを示すために、この地図に色を塗りましょう。旅をした道やそれまでの道沿いの風景や、終えた章のところに色を塗ったり、飾ったりすることができます。クレヨンやマーカー、色鉛筆、シールも使えますよ。

バズビーといっしょにゴールをめざせ!!
（私の進度表）

第1章 エンジンをかけよう

第2章 タッチの問題って何？

第3章 自分の気持ちを話そう

第4章 良いタッチと悪いタッチ

第5章 正しい考えと間違った考え

第6章 あのときみたいな性的な気持ちになったらどうしよう

第7章 変化しつつある体のことをよく知って大事にしよう

第8章 自分の体を管理して子どもの刑務所に入らないようにしよう

第9章 悪いタッチにつながる四つの間違った曲がり角を理解しよう

これは健全なタッチへの道だよ

SURVIVOR

267

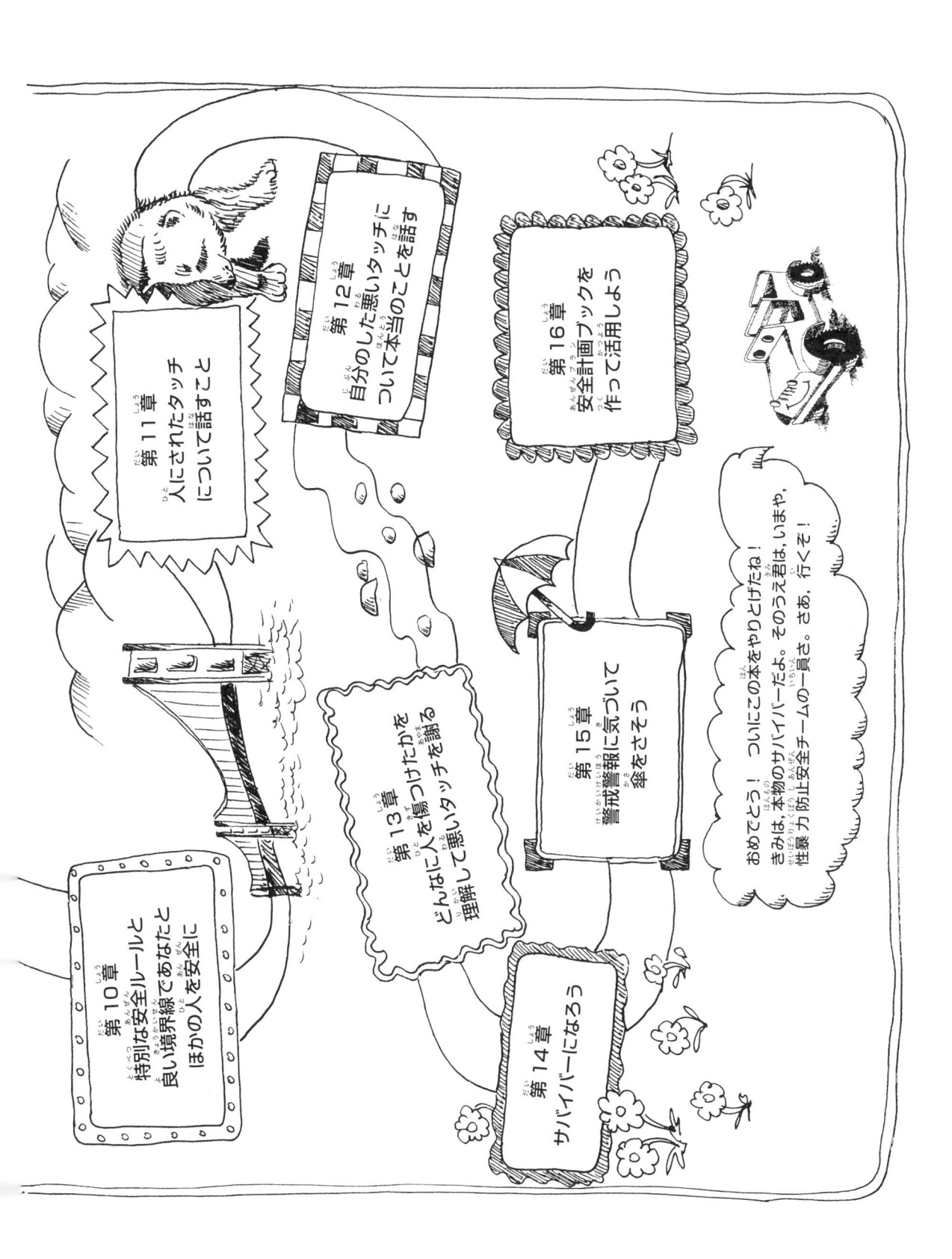

第10章 特別な安全ルールと良い境界線であなたとほかの人を安全に

第11章 人にされたタッチについて話すこと

第12章 自分のした悪いタッチについて本当のことを話す

第13章 どんなに人を傷つけて理解して悪いタッチを謝る

第14章 サバイバーになろう

第15章 警戒警報に気づいて傘をさそう

第16章 安全計画ブックを作って活用しよう

おめでとう！ついにこの本をやりとげたね！きみは、本物のサバイバーだよ。そのうえ君は、いまや、性暴力防止安全チームの一員さ。さあ、行くぞ！

用語集

言いなり：されるがままで，自分からは何もしないこと。言いなりになる人は，何も困っていないかのように振る舞い，自分の気持ちを表現しない。

違法の：法律に違反していることで，してはいけないこと。

陰唇：女の子の，体の外側にある，大切な場所。膣の入り口（膣口）を守るための皮膚や体の部位すべてをさす。

脅し：こちらの望むとおりにしなければ，困ったことになるぞと言うこと。

カウンセラー：子どもや大人を，さまざまな方法で支援する人。

傘：間違った考えや気持ちに陥っていると気づいたときにできる，あらゆる肯定的で健全なこと。

危険地帯：悪いタッチをしそうになる場所や，良くないことが起きそうな場所。

犠牲者：自分に起こったつらい出来事に，打ち克てない人。

虐待：だれかが，ほかの人を傷つけるような何かをすること。

境界線：個人的なもの，つまりあなただけに属するものを守るもの。境界線とは，人に勝手に横切って欲しくない，目に見えない壁である。

近親姦：同じ家族に属していて，お互いに関係のある人たちが，お互いの大切な場所（プライベート・パーツ）をさわること。近親姦は違法，つまり法律に違反している。

クリトリス：女の子の大切な場所の陰唇が合わさったところの上の，小さな覆いの下にある。ボタンくらいの大きさで，ふれられるととても敏感で，女の子をとても興奮させることができる。

グループ：3人以上の人がカウンセラーといっしょにすわって，自分の問題について話をすること。

結果：私たちが何かをしたことに対する罰や反応。

月経：女の子の月ごとのサイクル，ないし月ごとの生理の期間で，膣から少しの出血がある。

攻撃的：人が，強引に，ときに要求がましく振る舞うこと。

肯定的：良い，健全な事柄。

行動：人の行為，つまり人のすること。

合法の：してもかまわないことで，もしやっても，刑務所には行かないですむだろうこと。

子どもの刑務所：子どもが何かとても悪く，人を傷つけるようなことをしたときに，裁判官によって送られる場所。扉は施錠され，裁判官によって決められた期間，子どもたちは厳しいルールを守って生活しなければならない。少年院，あるいは，少年鑑別所とも呼ばれる。

ゴール：そのために頑張るもので，内心，心地良く，強く感じさせるようなもの。

裁判官：法廷を取り仕切っている人。裁判官は，法を破った人にどういう処分をするべきかを決める仕事をしている。裁判官は，争いを収めるのを助けたり，そのほかにもさまざまな決定を行う。裁判官は，子どもがいつ養子縁組されるべきかについての最終決定も行う。

サバイバー：つらい経験に打ち克って，その経験にいつまでも悩まされたままではいない人。

思考の誤り：思考の失敗，ないしは，自分自身につくうそのこと。思考の誤りは，健康的でない自分への話しかけの一種。

以下は，思考の誤りの例。

- **言い訳をすること／正当化**：自分の行動に対する弁解をすること。正当化とも言われる。
- **怒り**：あなたが感じているほかの気持ちについて話す代わりに，怒りを示すことによって，気持ちを表現しようとすること。
- **うそをつくこと**：本当はやったことを，していないということ。
- **思いやりのなさ／ぼく，ぼく，ぼく**：自分のことしか考えないときで，自分の行動がほかの人にどんな影響を与えるかを考えないこと。ぼく，ぼく，ぼくともいう。
- **最小化**：何か悪いことをしたとき，実際よりも，それほど悪くないように見せかけること。
- **他者非難**：だれかのせいでそうさせられたと言うこと。
- **ちっとも，いっつも，ばっかり／白か黒の考え方／一般化**：「ちっとも」「いっつも」「ばっかり」というような言葉を使うこと。白か黒の考え方，あるいは，一般化とも言われる。
- **否認**：うそをついたり，全部は本当のことを言わなかったり，あるいは何かが起こらないふりをすること。

自己主張：人が，自分自身を弁護したり，自分の考えを言うこと。自己主張的な人は，ほかの人を傷つけたり怖がらせたりせずに，自分の気持ちを表現する。

自己評価：人がどのように自分自身のことを感じているか。

思春期：子どもの体から，より大人の

ような体へと変化する時期。

自分への話しかけ：セルフトーク。人が，心のなかで，自分自身に対して言うこと。実際に声に出して言うことはなく，ただ自分で考えるようなこと。

謝罪：自分がしてしまったことについて，ごめんなさいと言うこと。

射精：マスターベーションしたり，セックスをしたりして，強い興奮を感じたときに，男の子のペニスから出てくるもの。

少年院，ないし少年鑑別所：子どもが何かとても悪く，人を傷つけるようなことをしたときに，裁判官によって送られる場所。扉は施錠され，子どもたちは厳しいルールを守って生活しなければならない。子どもの刑務所とも呼ばれる。

身体的境界線：ある人の個人的な空間，どれだけ自分の周りに空間が欲しいかといったこと。

身体的欲求：あなたの体に関係することで，ほかの人（家族や友人）から必要とすること。体の欲求は，生存や，強くて健康で安心だと感じるのに役立つことである。

心理的欲求：愛情やほめことば，賞賛のように，自分自身を良く思えたり，自分が愛されており，価値のある人間だと思うのに役立つようなこと。

性感染症（STD），ないし性行為でうつる病気（STI）：おもに，性的タッチをすることでうつる病気や感染症。

精子：男の子や男性の体の一部で，女の子や女性の体のなかを泳いであがって，卵子と結合し，赤ちゃんを作るもの。

性的虐待：ほかの人に悪い性的な行動をすること。

性的タッチ：ほかの人の大切な場所にさわること。

性的な体の部分：セックスと関係のある体の部分。これらはしばしば大切な場所（プライベート・パーツ）と呼ばれる。

性的な問題行動：許可なしに，だれかほかの人の大切な場所（プライベート・パーツ）をさわったり，何が起きているのか幼すぎてわからない子どもにさわったり，大切な場所についてしゃべりすぎたり，ほかの人の前で，自分の大切な場所（プライベート・パーツ）をさわりすぎる場合。場合によっては，ほかの人の下着を盗んだり，自分の大切な場所（プライベート・パーツ）を見せたり，ポルノ写真を見たり，性的な絵を描いたりすることも，性的な問題行動となりうる。

性犯罪者：違法，つまり法律違反になるような悪い性的タッチをして，裁判所に行き，裁判官から罰を言い渡される人。

生理期間：月経の別の言いかた。

セクハラ（セクシャル・ハラスメント）：ほかの人が嫌な気持ちになるような，性的ないしは個人的なことを言ったりしたりすること。

用語集

セックス：大切な場所をタッチすること。セックスにはさまざまな種類があるが，ロードマップでは，大切な場所にさわることを意味する。

早期の警戒警報：間違った性的行動や悪いタッチに向かっていることを知らせてくれる，気持ちや思考や行動。

大切な場所：人の，お尻，胸，ペニス，外陰，膣。これらは性的な部分とも呼ばれる。

正しい考え：健全で，責任のある考えかたをすること。

タッチの問題：許可なく，相手の人をさわること。

膣：女の子の体のなかにある，大切な場所。女性の体の一部で，赤ちゃんが生まれてくるときに通るところ。

同意：何かすることを許可することで，かつ，その人が，その結果どんなことが起こるのかを本当に理解していること。

特別な安全ルール：あなたが悪いタッチをするのに役立つルール。

発情した：性的な気持ちになっていることを表すために使われることがある言葉。

否定的：悪い，間違った，健康的でないこと。

普通の関係性：人びとの間の，健全で，思いやりのある友情。

ペニス：男の子の大切な場所。

防止：何かが起こるのを防ぐこと。

法廷：裁判官が取り仕切っている部屋。そこで，人びとは意見の不一致を解決したり，悪い行動についての処罰を受けたりする。

包皮切開：男の子が生まれるとすぐに，ペニスの包皮と呼ばれる皮膚を切り取ること。

勃起：男の子のペニスが硬くなって，立つ状態になることを表す，正確なことば。

マスターベーション：男の子がペニスをさわったりこすったり，女の子がクリトリスをさわったりして，とても気持ち良く感じること。

間違った考え：頭のなかで間違うこと。間違った考えとは，思考の誤りをしていることを意味する。

間違った地図：幼いころに教えられた間違ったこと。間違った地図とは，学ぶべきだった健全なことのいくつかを学べなかったということを意味する。

問題：あなたの生活をより困難にして，ほかの子どもや大人とのトラブルに巻き込み，あなたを嫌な気持ちにさせるもの。

良いタッチ：健全で正しいタッチのことで，タッチする前にしても良いかとたずねて，相手がいいと言った場合のこと。合法のタッチとは，良いタッチのこと。

抑うつ：長期にわたって，悲しかったり，孤独だったり，不幸に感じられたりするとき，その人は，抑うつ的だと言う。

卵巣：どの女の子の体の中にもある部分で，何十万もの卵子がたくわえられている。女の子には，卵巣が二つある。

悪い性的タッチ：いじわるな，あるいは傷つけるような方法で，人にさわること，許可なくほかのだれかの大切な場所をさわること，あるいは，ほかのだれかが，許可なくあなたの大切な場所にさわること。悪いタッチとも呼ばれる。

悪いタッチ：いじわるで，人を傷つけるような方法で，人にさわること，許可なく，ほかのだれかの大切な場所をさわること，あるいは，ほかのだれかが許可なく，あなたの大切な場所にさわること。悪い性的タッチとも呼ばれる。

監訳者紹介

藤岡 淳子（ふじおか じゅんこ）

1979年　上智大学文学部卒業
1981年　上智大学大学院博士前期課程修了
1988年　南イリノイ大学大学院修士課程修了，府中刑務所首席矯正処遇官，宇都宮少年鑑別所首席専門官，多摩少年院教育調査官を経て，
現　在　大阪大学大学院人間科学研究科教授，臨床心理士，博士（人間科学）
専　攻　心理学，司法行政学
著訳書　『性暴力の理解と治療教育』2006，『グッドライフ・モデル──性犯罪からの立ち直りとより良い人生のためのワークブック』（監訳）2013，『非行・犯罪心理臨床におけるグループの活用──治療教育の実践』2014，『性加害行動のある少年少女のためのグッドライフ・モデル』（共監訳）2015，『グループにおける動機づけ面接』（共訳）2017，以上 誠信書房，『非行・犯罪の心理臨床』日本評論社　2017，他多数

訳者紹介

浅野 恭子（あさの やすこ）

1991年　京都女子大学大学院家政学研究科児童学専攻修士課程修了
現　在　大阪府女性相談センター所長，臨床心理士，公認心理師
著訳書　『あなたに伝えたいこと──性的虐待・性被害からの回復のために』（共訳）2015，『マイステップ（CD付き）──性被害を受けた子どもと支援者のための心理教育』（共著）2016

ティモシー・J・カーン
〈性問題行動・性犯罪の治療教育 3〉
回復への道のり　ロードマップ
──性問題行動のある児童および
　　性問題行動のある知的障害をもつ少年少女のために

2009年11月25日　第1刷発行
2022年1月30日　第4刷発行

監訳者　藤　岡　淳　子
発行者　柴　田　敏　樹
印刷者　西　澤　道　祐
発行所　株式会社　誠信書房

〒112-0012　東京都文京区大塚3-20-6
電話　03(3946)5666
http://www.seishinshobo.co.jp/

あづま堂印刷　協栄製本　　　落丁・乱丁本はお取り替えいたします
検印省略　　　無断で本書の一部または全部の複写・複製を禁じます
© Seishin Shobo, 2009　　　　　　　　　　　　Printed in Japan
ISBN978-4-414-41436-3 C3311

性問題行動・性犯罪の治療教育 1
回復への道のり 親ガイド
性問題行動のある子どもをもつ親のために

ティモシー・J.カーン著　藤岡淳子監訳

性問題行動・性犯罪のある子どもをもつ親が治療について知り，子どもの治療を助けるにはどうすればよいかを分かりやすく具体的に解説する。また，わが子がプログラムを受けて回復した親たちの声を紹介するとともに，わが子の性非行・性犯罪にショックを受けている日本の親たちに，社会が治療を提供し，本人がプログラムを受ければ9割が回復することを知らせてくれる。

目　次
1　はじめに
2　最初の反応──そしてどこに援助を求めるか
3　よくある質問
4　アセスメント（評価）の過程を理解する
5　治療を理解する──あなたのお子さんを援助するために知る必要がある鍵となる概念
6　きょうだい（兄弟姉妹）──無言の受難者たち
7　被害者支援と健全な環境作り
8　家族の再統合──家族が絆を取り戻し，再び一緒に暮らす
9　適切な監督によって治療を効果的なものにすること
10　これからどうなるの？　この問題はいつ終わるの？

A5判並製　定価(本体2400円＋税)

性問題行動・性犯罪の治療教育 2
回復への道のり パスウェイズ
性問題行動のある思春期少年少女のために

ティモシー・J.カーン著　藤岡淳子監訳

性問題行動のある11歳から21歳の青少年を対象にしたワークブック。性非行を起こしてしまった子どもが，責任のある大人になれるように，性犯罪者にならないように願って作成されている。治療者とともに課題を一つずつこなすことで，このような子どもたちが性暴力や性虐待がいかに人を傷つけるかを理解できるようになっている。結果として，健全で性犯罪から解放された生活を子どもが送ることができるように手助けをする。

目　次
1　最初の反応
2　治療教育プロセスを始める
3　開示：自分がやったことをどう説明するか
4　開示：被害者について学ぶ
5　開示：なぜやったのか──私の性行動化を理解する
6　開示：自分の手なずけ行動と維持行動を知る
7　開示：行動のサイクルを理解する
8　性的な感情の適切なコントロールと表現
9　再発防止計画を作り，守る
10　性虐待と人生経験を理解すること
11　説明──ことを明らかにすること
12　性暴力加害者のための１２ステップ
13　責任のある健全な生活を送り，治療教育を卒業する

B5判並製　定価(本体4600円＋税)